ベトナム雑貨でおなじみのおしゃれなかご

PPバンドで編む
毎日使えるプラかご

高宮紀子
Noriko Takamiya

はじめに

PPバンドは、もともと自然素材を使った縄、
紐類の代用として誕生したものです。
丈夫であることからかごの修理に使われ、
やがてかご本体も作られるようになりました。
自然素材のように収穫や加工の手間がなく、しかも丈夫。
その上、色も選べて簡単に編めるということで
作る作業が楽しいものになりました。
PPバンドは、手軽な素材です。
はさみとクリップさえあれば、作り方はそう難しくありません。
縦に並べた材に編み材を通して編むか、
斜めに交差させて組んでいくか。
そのいずれか一つでも、
色違いでバリエーションを楽しむことができます。
また、使う本数を増減することで、
ぴったりのサイズにすることもできるのです。
つまり、おしゃれなかごから、実用的で丈夫なバッグはもちろん、
小物入れやキッチン、庭仕事で使うかごなど、
生活のさまざまなシーンで役立つかごを作ることができます。
この本が、手仕事を始めてみたいと思っていた人や
素敵なかごを作りたい人にとって、
少しでも力になればいいなと思っています。

高宮 紀子

PPバンドで編む
毎日使えるプラかご

CONTENTS

はじめに	2
ベトナムのプラかご事情	6

❖ プラかご編みの基本

PPバンドとは	10
プラかご編みの道具	11
PPバンドの色使いによって編みの印象が違います	12
編みの技法の種類	14
基本の編み方／織り編み	16
組み編み	18
縁のしまつ	19
持ち手の作り方とつけ方	20
プラかごをきれいに編むコツ	22

❖ 買い物やお出掛けに使うプラかごバッグ

こげ茶のかごバッグ	24
黒のかごバッグ・青のかごバッグ	25
緑×白のかごバッグ	28
黄×赤のかごバッグ	29
赤×黄のかごバッグ	30
ピンク×群青×紫のかごバッグ	31
ピンク×白のかごバッグ	32

透明ピンク×透明黄×透明のかごバッグ	34
透明青×透明緑×透明のかごバッグ	35
黒×青×群青×緑×深緑のかごバッグ・黒×赤×緑×オレンジ×青×群青×ピンクのかごバッグ	38
白×透明青×透明黄のかごバッグ	39
ブラウン×ベージュのかごバッグ	40
黄×オレンジのかごバッグ	41
赤×白のかごバッグ	42
ピンク×グレーのかごバッグ	43
ブラウン×緑×青のかごバッグ	44
こげ茶×ベージュ×グレー×紫のかごバッグ	45
ベージュ×黒×こげ茶×白のかごバッグ	46
紫×ピンク×白×ブラウンの花六つ目のかごバッグ	48

❖ 収納やインテリアに使うプラかご

洗濯かご	50
花六つ目の小物入れ	52
多色使いの小物入れ	53
ふた付きの入れ子のかご	54
持ち手付きのかご	56
鉢カバー	57
六つ目のかご	58
入れ子のかご	59
壁掛け用のかご	62

◆ プラかごの作り方 ………… 65

ベトナムのプラかご事情

　香草や果物、魚介類などの食材が並ぶ市場の店先、路上でお菓子やおもちゃを売る行商のおばさんの傍ら。ベトナムの働く人のすぐそばにプラかごは置いてあります。プラスチックを再利用したベトナムのプラかご用バンドは、薄手で柔らかい質感。魚をそのまま入れたり、形が変わるまで野菜を詰めたりと、かなり豪快に使われているよう。薄汚れ、少しくたびれたプラかごからは、働く人にとって欠かせない道具となった様子が伝わります。

　いろいろな種類のプラかごを見たいなら、ベトナムのチャイナタウンであるチョロンへ行くのがおすすめ。1つの建物でプラかごの制作・販売を大量に行う店があるほどで、見ごたえがあります。店先を取り囲むように吊り下げられたカラフルなプラかごに、掘り出し物が見つかる期待感も上昇。ストライプ柄のバンドが縦横に走るトート型のかご、太さの違うバンドを組んだ花のような編み目のハンドバッグ型のかご……。店の奥に進むと、さまざまな色、形のプラかごが積み上げられた圧巻の光景が目の前に。店員が次々に型違いや色違いを出してきて、周りがプラかごで溢れかえってしまうなんてことも！

　プラかごの複雑な編み方は、竹を使った工芸品を編んできた技術が用いられたもの。古くからの技術と新しい素材が出合ってできたプラかごが、これからも私たちを夢中にさせるでしょう。

1 人気のプラかご店。時間に余裕があれば、オーダーメイドも可能。 2 プラかごが棚にぎっちり詰め込まれていますが、遠慮なくどんどん気になったものを引っ張り出して。 3 バイクの荷台にくくりつけたり、両側に吊り下げたり。 4 学校の前で学生を相手に商売中。行商には、持ち運びしやすい大きさのプラかごがぴったり。 5 市場で働く人は、黄色を基調とした大きなプラかごを使うことが多いです。 6 街中の飲食店の前にも、無造作に置いてあります。 7 英語はあまり通じないので、電卓とジェスチャーで欲しいものを手に入れたい。

プラかご編みの基本

プラかごを編む材料であるPPバンドをはじめ、
プラかご編みに必要な基本の知識やテクニックなどを紹介します。

PPバンドとは

PPバンドとは、荷物を結束するときなどに使うプラスチック製のバンドです。
PPとは、ポリプロピレン＝PolyPropyleneの略。
ポリエチレンと同様にプラスチック樹脂として広く使用されています。
本書で使用したのは信越工業のもの。
白、赤、青、緑、紫、黒、ピンク、オレンジなど豊富なカラーが揃っています。
1巻は幅15.5㎜×長さ100mです。
このPPバンドで作るバッグは、軽くて丈夫。水にも強いので、
ビーチバッグなどにも向いていますし、汚れたらジャブジャブと洗えばOKです。

❖ 扱い方

◆ カットする場合

PPバンドに対してハサミを直角に入れてカットします。

◆ 印をつける場合

鉛筆で簡単に印をつけられます。

◆ 割く場合

ハサミで1cmほど切り込みを入れます。

両手で引っ張って割きます。

短くカットしたPPバンドを真ん中で折って、切り込みにさし、折ったPPバンドを矢印のように引くようにして割きます。

プラかご編みの道具

❖ 基本の道具

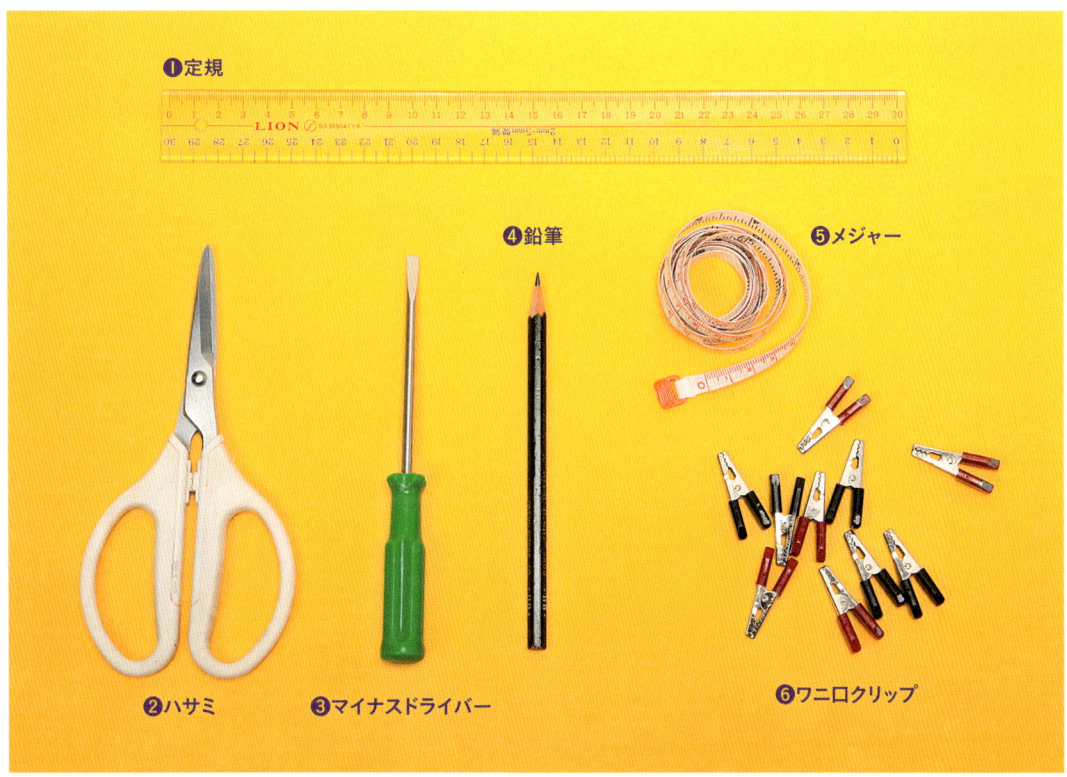

❶定規
❷ハサミ
❸マイナスドライバー
❹鉛筆
❺メジャー
❻ワニ口クリップ

❶**定規** サイズを測るのに使います。
❷**ハサミ** PPバンドをカットするのに使います。文具用のハサミで大丈夫です。
❸**マイナスドライバー** 編み目を詰めたりするなどの調整に使います。
❹**鉛筆** PPバンドに印をつけるのに使います。
❺**メジャー** 長いサイズを測るときはメジャーがあると便利です。
❻**ワニ口クリップ** 編むときにPPバンドがバラけないように押さえるのに使います。洗濯バサミを代用してもOKです。

❖ あると便利な道具

四角い板
底の編み始めに四角い板(30〜40cm角の正方形、または長方形の薄いもの)があると編みやすくなります。

板を土台にして編み始めます。テープの巻きぐせを下にすると板の端で引っかかり、固定できます。

PPバンドの色使いによって編みの印象が違います

14種類の織り編みのサンプル

同じ編み方でも、PPバンドの色の組み合わせ方によって編み方の印象がかなり違って見えるのが、プラかごのおもしろいところです。織り編みでタテ材と編み材の色の異なる14の例です。

◆ 2色

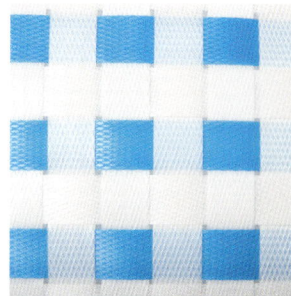

タテ材：白、編み材：白と青を1本ずつ

タテ材・編み材：白・ピンクを1本ずつ。違う順で入れると縦縞に

タテ材・編み材：ベージュ・こげ茶を2本ずつ

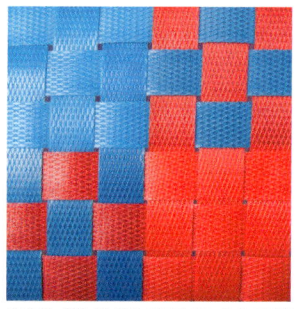

タテ材・編み材：青×3本と赤×3本のリピート

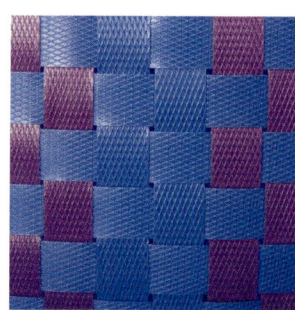

タテ材：紫×2本・群青×2本のリピート、編み材：群青

タテ材・編み材：緑、編み材の一部に白

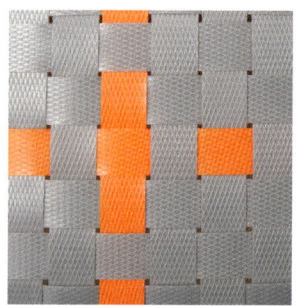

タテ材・編み材：グレーに1本ずつオレンジを好きな部分に入れる

タテ材・編み材：青×1本・緑×1本・青×2本のリピート

◆ 3色

タテ材・編み材：白・赤・白・ピンクのリピート

タテ材：ブラウン・オレンジ・こげ茶・オレンジのリピート、編み材：ブラウン・オレンジのリピート

タテ材・編み材：赤・こげ茶・赤・ブラウンのリピート

タテ材：オレンジ×3本・こげ茶×3本のリピート、編み材：こげ茶・緑のリピート

◆ 4色以上

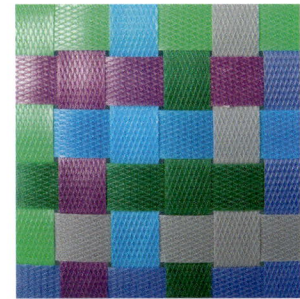

タテ材・編み材：緑・紫・青・深緑・グレー・群青を1本ずつ順にリピート

タテ材・編み材：ピンク・オレンジ・赤・黄を1本ずつ順にリピート

編みの技法の種類

本書のかご作りで登場した主な編みの技法を紹介します。

❖ 織り編み

タテ材の間に編み材を入れて編む方法です。

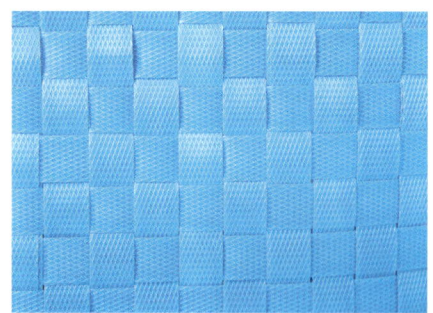

❖ 組み編み

斜めに材を組んでいく方法。2方向の他、3方向に組む方法があり、六つ目編みはそのひとつで隙き間が多いのが特徴です。
花六つ目編みは、六つ目編みに材を入れて編む方法です。

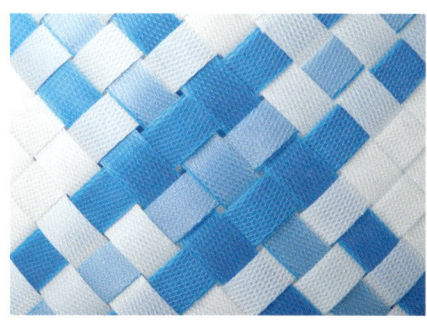

基本の編み方

本書で紹介しているプラかごの多くは、「織り編み」と「組み編み」で作っています。
この2種類の編み方と、縁のしまつ、持ち手の作り方とつけ方をここで詳しく紹介します。
プラかご編みの基本となる、大切なテクニックです。

❖ 織り編み

1 底の作り方

❶ 材（PPバンド）を直角に重ねます。長方形の底の場合は、短いタテ材を縦に、長いタテ材を横に組みます。

❷ 1本ずつ隣に加えて、材が交互に上下するように組みます。

❸ 材が4本ずつ組めたところ。クリップでとめながらさらに足していきます。材と材の間の隙き間の形が正方形で同じ大きさになるようにして、目がまっすぐ並ぶように組みます。

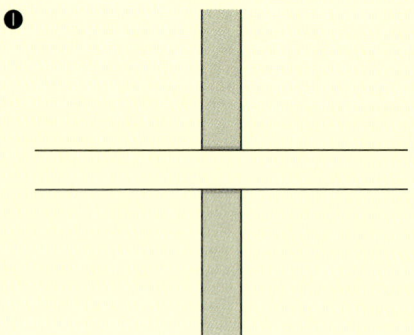

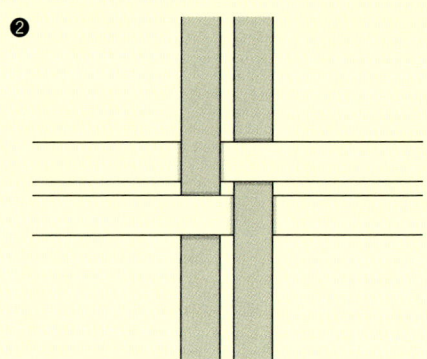

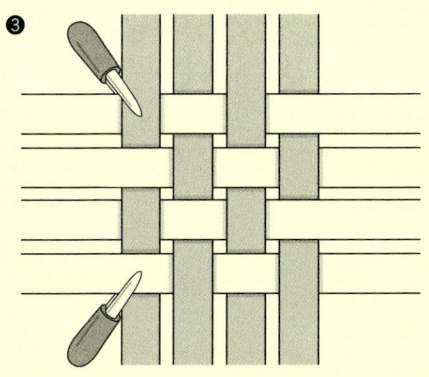

2 立ち上げて側面を編む

❶ 全体を組んだら、縦横の長さが同じ大きさ、または必要な長さになるように詰めて調整します。テープの中央の印を各辺の真ん中に揃えて、クリップで固定します（図は長方形の底の場合。正方形の底は正方形になる）。

❷ 編み材を入れて端をとめ、交互に上下になるように編みます。

❸ 角のところは隙き間が広がらないようにクリップでとめます。1周したら端どうしをタテ材数本分重ね、外側から見えないように切ります。内側の端も引っかからないように、端を短く切ります。毎段、位置をずらしてスタートすると厚みが均一になります。

❶
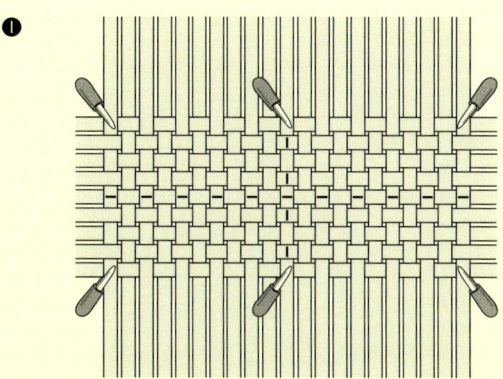

❷
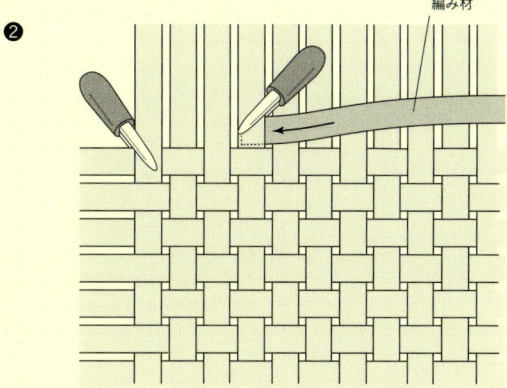

編み材

❸
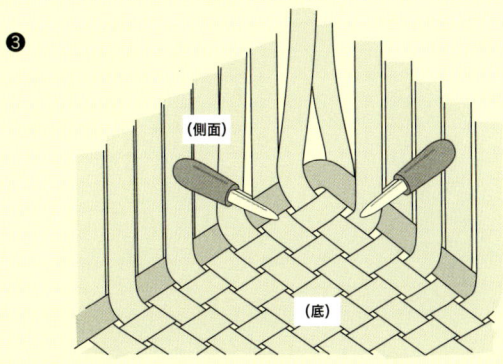

（側面）
（底）

❖ 組み編み

1 底の作り方

❶ 組み始めは織り編みと同様ですが、長方形の底の場合も縦横同じ本数で組みます。

❷ 全体を組んだら、必要な大きさに目を詰めて調整し、以下のように材の中心を合わせます。

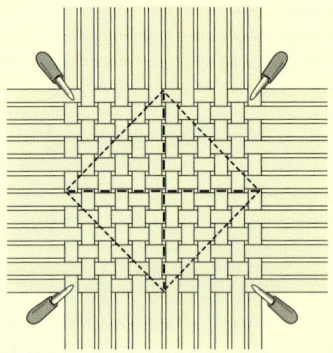

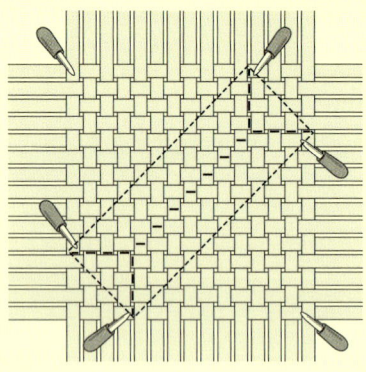

正方形の底
各辺の真ん中に材の中央を揃えます。図の点線が底になります。

長方形の底
縦横同じ数の材で正方形に組みますが、長方形の形に角を組みます。材の中央をYの字のところと対角線に揃えます。縦横の材それぞれを揃えることを忘れずに。図の点線が底になります。

2 角を組んで立ち上げる

❶ 隣り合う材を交差して、角を編みます。

❷ まっすぐ編み目が上に並ぶように組みます。

❸ 角を組んだら間に残った材を組み、周囲が均一な高さになるように組みます。

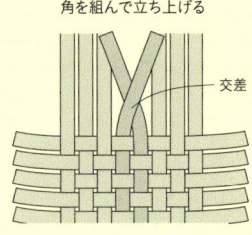

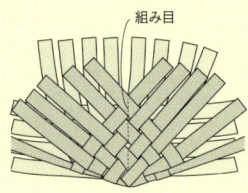

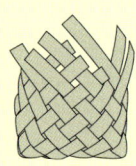

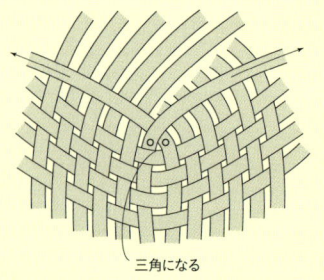

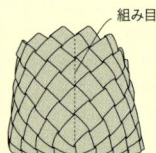

❖ 縁のしまつ

◆ 編み目に通して切る場合

❶ 縁材を編み材の内側、外側にそれぞれ重ねて3重にしてクリップで固定します。かごの内側にあるタテ材は表側に折り、表側の縁材1枚の下から出して、端の下の編み目に通します。

❷ 外側の材は内側へ折り、内側の縁材の1枚下から出して端を下の編み目に通します。

❸ 編み目に数回入れ、端が見えないようにぎりぎりで切ります。

＊P.22「プラかごをきれいに編むコツ」も参照してください。

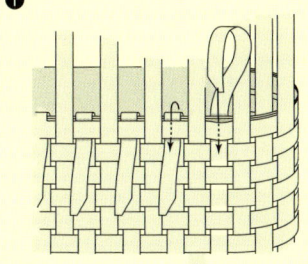
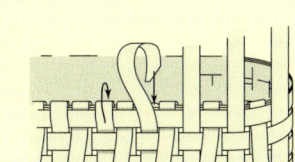
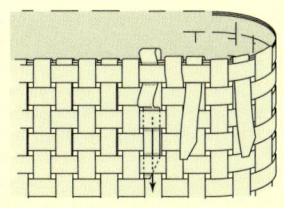

◆ 材を折り返す場合

平らに折り返す方法
交差する2本の材の真ん中をそれぞれ折って、相手の材が通る組み目に数回通し入れます。

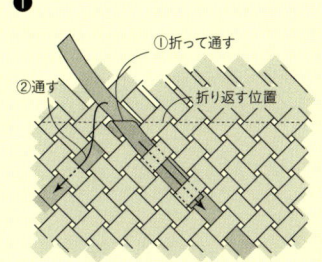
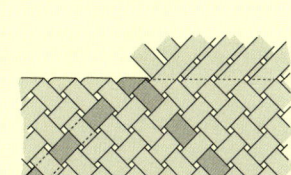

山形に折り返す方法
交差する2本の材の端で折り返し、それぞれの組み目に数回通し入れます。応用として、縁で折り返した材をもう一度縁に向かって折り返すこともできます。

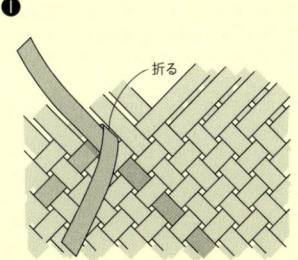
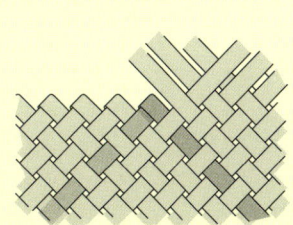

＊どちらの方法も端を全部通し入れることで、丈夫にすることができます。

❖ 持ち手の作り方とつけ方

自分に合った長さになるよう、手の長さを調整して本体につけましょう。

◆ 平らな持ち手の場合

❶ 芯材の端15cmのところに、Aの端20cmを残して後ろから芯に掛けて右へ折ります。

❷ Bも同様に端20cmを残して手前から後ろ側へ折り、Aと重ねます。

❸ 後ろ側のBを左へ折ります。

❹ 続けてAを後ろ側から左へ折ってBと重ねます。以後、後ろ側の材を先に折って残りの材も折って重ねます。これを繰り返します。

❺ 持ち手の芯を本体の組み目に通し入れ、両端の材をそれぞれ上に折り、隣の編み目に通し入れます。

❻ 3回折り、残りの端はなくなるまで目に数回通し入れ、余った部分は切ります。

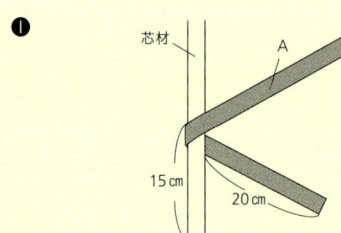

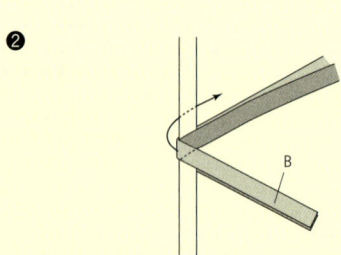

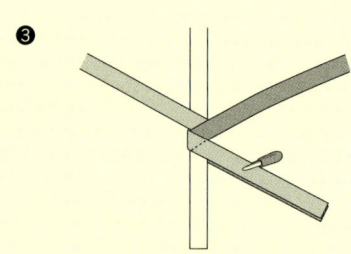

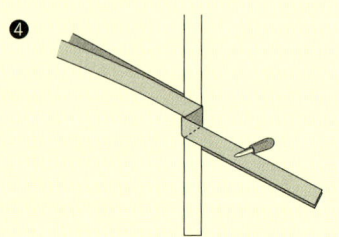

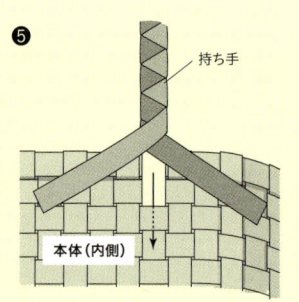

◆ 丸い持ち手の場合

❶ 端20cmを残して3本ずつに分け、交互に上下になるように組みます（天辺の組みは左からの材が上）。4隅をとめて、芯材の束の端にクリップでとめます。

❷ 裏返して一番下の材どうしを右が上になるように組み、順に上の材を交互に上下して組みます（❶の組みは逆）。

❸ 再び元に返して、以後繰り返します。材を横に引いて組み目を引き締めます。

❹ 芯材は見えないようにぎりぎりで端を切ります。3本ずつ分けて編み目に端を一旦通します。

❺ 折って、隣の目に通し入れます。

❻ 3回折って目に通し入れ、端はなくなるまで目に通し入れます。

❶
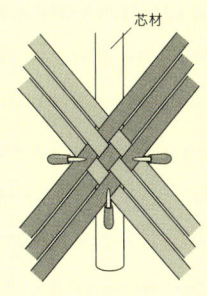

❷
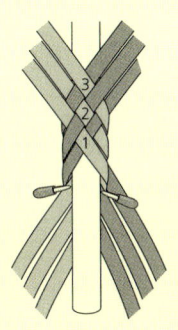

❸

❹
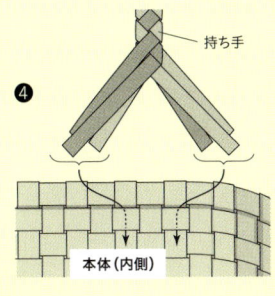

❺

❻
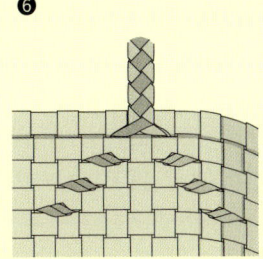

プラかごをきれいに編むコツ

きれいなかごを作るための大切なコツです。

1 ワニ口クリップで押さえながら編む

PPバンドは硬く、編んでいる途中でバラけてしまう可能性があるため、ところどころワニ口クリップで押さえながら編みます。

2 隙き間はマイナスドライバーで調整する

編み方の種類にもよりますが、基本は編み目がしっかりと詰まっているほうがきれいに見えます。隙き間があいてしまったときは、マイナスドライバーの先を使って詰めます。

3 残ったタテ材の先は、斜めにカットする

残ったタテ材は側面の編み目に差し込みます。このとき、PPバンドの先を斜めにカットすると、編み目に差し込みやすくなります。

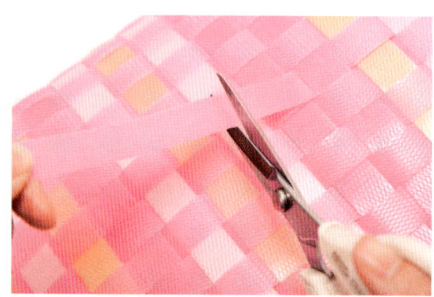

4 最終的に差し込む長さを見計らってカットする

3のタテ材を何か目か差し込んでも余っていたら、差し込み終わる場所を決め、その部分に行き着く前に必要な長さだけを残して余分なPPバンドはカットします。

5 先端がちょうど隠れるように差し込む

4でカットして残った部分を編み目に差し込み、PPバンドの先端がちょうど隠れるように仕上げます。

買い物やお出掛けに使うプラかごバッグ

エコバッグとして使ったり、お弁当や水筒を入れてピクニック用のバッグにしたり、
ときには通勤用に使ったり……。
どんなシーンにも合う、プラかごバッグ21点です。

◆ DARK BROWN
こげ茶のかごバッグ

1色のPPバンドで織り編みにしました。
持ち手を長くしたショルダータイプです。

作り方 | P.65

01

◆ BLACK
黒のかごバッグ（下）
作り方 | P.65

◆ BLUE
青のかごバッグ（上）
作り方 | P.66

1色のPPバンドでシンプルに仕上げたバッグです。
きちんとした服装にも似合うので通勤にも使えそうです。

03

02

思わず背筋がピン！
とするきちんと系のかごバッグ。

おとなっぽいシンプルな色とかたち。

口元には留め具付き。

◆◇ GREEN × WHITE
緑×白のかごバッグ

さわやかな色の組み合わせ。
このかごにお弁当やおやつを詰め込んで、
大草原へピクニックにでも出掛けたい気分。

作り方 | P.68

04

◆◆ YELLOW × RED
黄×赤のかごバッグ

2色のPPバンドしか使っていないのに、
口元、センター、両サイドが違う模様に見えます。
花をざっくりと入れただけでもさまになる!?

作り方 | P.68

05

◆◆ RED × YELLOW
赤×黄のかごバッグ

赤の分量を多くして、よりかわいらしい感じに。
お買い物やレジャーに……と好きな場所へ連れていって。

作り方 | P.69

06

◆◆◆ PINK × ULTRAMARINE × PURPLE
ピンク×群青×紫のかごバッグ

横が27cm、高さが23cmと
本書で紹介しているかごバッグのなかでは小さめですが、
マチが14cmもあるので見た目よりもたっぷり荷物が入ります。

作り方 | P.69

◆◇ PINK × WHITE
ピンク×白のかごバッグ

やさしい色合い。
こんなかごバッグなら、買い物に行くのがより楽しくなりそう。

作り方 | P.70

08

ノーレジ袋でプラかご派！

◆◆◇ CLEAR PINK × CLEAR YELLOW × CLEAR
透明ピンク×透明黄×透明のかごバッグ
縦長の形に持ち手は短めに。
PPバンドの幅を½に割いて作りました。

作り方 | P.71

09

◆◆◇ CLEAR BLUE × CLEAR GREEN × CLEAR
透明青×透明緑×透明のかごバッグ

クリアな色の組み合わせなので、
3色使っているのにカラフルというよりシンプル系。
買った食材を入れるのもいいけど、夏のリゾートにも持って行きたい。

作り方 | P.72

買い物やお出掛けに使うプラかごバッグ

はたらきもののプラかごバッグ。
どれにしようかな。

37

◆◆◆◆◆ BLACK × BLUE × ULTRAMARINE × GREEN × DEEP GREEN
黒×青×群青×緑×深緑のかごバッグ（左）
作り方 | P.73

◆◆◆◆◆◆◆ BLACK × RED × GREEN × ORANGE × BLUE × ULTRAMARINE × PINK
黒×赤×緑×オレンジ×青×群青×ピンクのかごバッグ（右）
作り方 | P.74

5色と7色という多色使いのかごバッグです。
黒を使ったら引き締まった感じになって、おとなの雰囲気になりました。

◇◆◆ WHITE × CLEAR BLUE × CLEAR YELLOW
白×透明青×透明黄のかごバッグ

プラかごは水に濡れても大丈夫。
濡れた水着やタオルをそのまま入れられるのでスポーツクラブ用のバッグにしてもOK。
海水浴や日帰り温泉にもぴったり！

作り方 | P.75

13

◆◆ BROWN × BEIGE

ブラウン×ベージュのかごバッグ

ぱっと見1色、でもじっくり見ると2色使いになっています。
シンプルなだけに、口元の処理がアクセントになりました。

作り方 | P.76

14

◆◆ YELLOW × ORANGE

黄×オレンジのかごバッグ

PPバンドの幅を½に割いて作りました。
大きな「×」の模様が目立ちますね。

作り方 | P.77

15

◆◇ RED × WHITE
赤×白のかごバッグ

PPバンドの幅を½に割いて作りました。
ショッピングバッグというより、
ふだんのお出掛けに使いたいおしゃれ系。

作り方 | P.78

16

◆◆ PINK × GRAY
ピンク×グレーのかごバッグ

横が40cmとかなり横長のタイプ。
バランスをよくするため、持ち手は短めにしています。
PPバンドの幅を½に割いて作りました。

作り方 | P.79

17

◆◆◆ BROWN × DEEP GREEN × BLUE

ブラウン×深緑×青のかごバッグ

このかごバッグ、よ〜く見てください。
3Dになっています！

作り方 | P.80

18

◆◆◆◆ DARK BROWN × BEIGE × GRAY × PURPLE
こげ茶×ベージュ×グレー×紫のかごバッグ

基本は目の詰まった六つ目編みです。
こげ茶で全部編み上げてから、編み目に3色のPPバンドを通します。

作り方 | P.81

19

◆◆◆◇ BEIGE × BLACK × DARK BROWN × WHITE
ベージュ×黒×こげ茶×白のかごバッグ

ワインを入れるのにぴったりのサイズ。
ワインとバッグをセットにして贈り物にしても。

作り方 | P.82

ワイン+花+プラかご一式を
「これ全部どうぞ!」なんて
プレゼントするのもかっこいいかも。

◆◆◇◆ PURPLE × PINK × WHITE × BROWN
紫×ピンク×白×ブラウンの花六つ目のかごバッグ

愛らしい花模様が特徴的で目を引きます。
六つ目編みの応用編なので、高いテクニックが必要ですが
ぜひ挑戦してほしいものです。

作り方 | P.84

21

収納やインテリアに使うプラかご

洗濯かごや小物入れ、入れ子のかごや鉢カバーなど、
おうちの中で役立つプラかごたちです。
カラフルなプラかごは、置いておくだけで部屋のアクセントにもなります。

LAUNDRY BASKET
洗濯かご

ランドリースペースに合うよう、
清潔感のある色の組み合わせにしました。

作り方 | P.83

22

大きめのかごだから、洗濯物もたっぷり入ります！

MINI BASKET

花六つ目の小物入れ

直径22cm、高さ19cmの花六つ目編みの小物入れです。
存在感があるので、置いておくだけでインテリアのアクセントになります。

作り方 | P.86

23

MINI BASKET
多色使いの小物入れ

7色のPPバンドを使って小さなかごを作りました。
こまごまとしたものの整理整頓に。

作り方 | P.88

24

NESTING BASKETS
ふた付きの入れ子のかご

大中小の3つのかごが入れ子になって、
4つ目はふたになります。
プラかご版マトリョーシカ！

作り方 | P.89

25

いつもは重なって一緒になっているかご4兄弟。
使われるときはバラバラに。

HANDLE BASKET
持ち手付きのかご

持ち運びに便利な短い持ち手付き。
マガジンラックや子どものおもちゃ入れとして使っても。

作り方 | P.90

26

FLOWER POT COVER
鉢カバー

鉢植え植物をそのまま入れられます。
かわいい花がよりかわいらしく見えます。

作り方 | P.91

27

BASKET
六つ目のかご

PPバンドの幅を½に割いて作った六つ目編みのかごです。
パイナップルがまるまるひとつ入る大きさです。

作り方 | P.92

28

NESTING BASKETS
入れ子のかご

いちばん大きいのが直径11.5cm、
順々に小さくなっていき、いちばん小さいのが直径5.5cm。
全部で7つのかごが入れ子になっています。

作り方 | P.94

29

ハイ、大きい順から1列に並んで！

60　収納やインテリアに使うプラかご

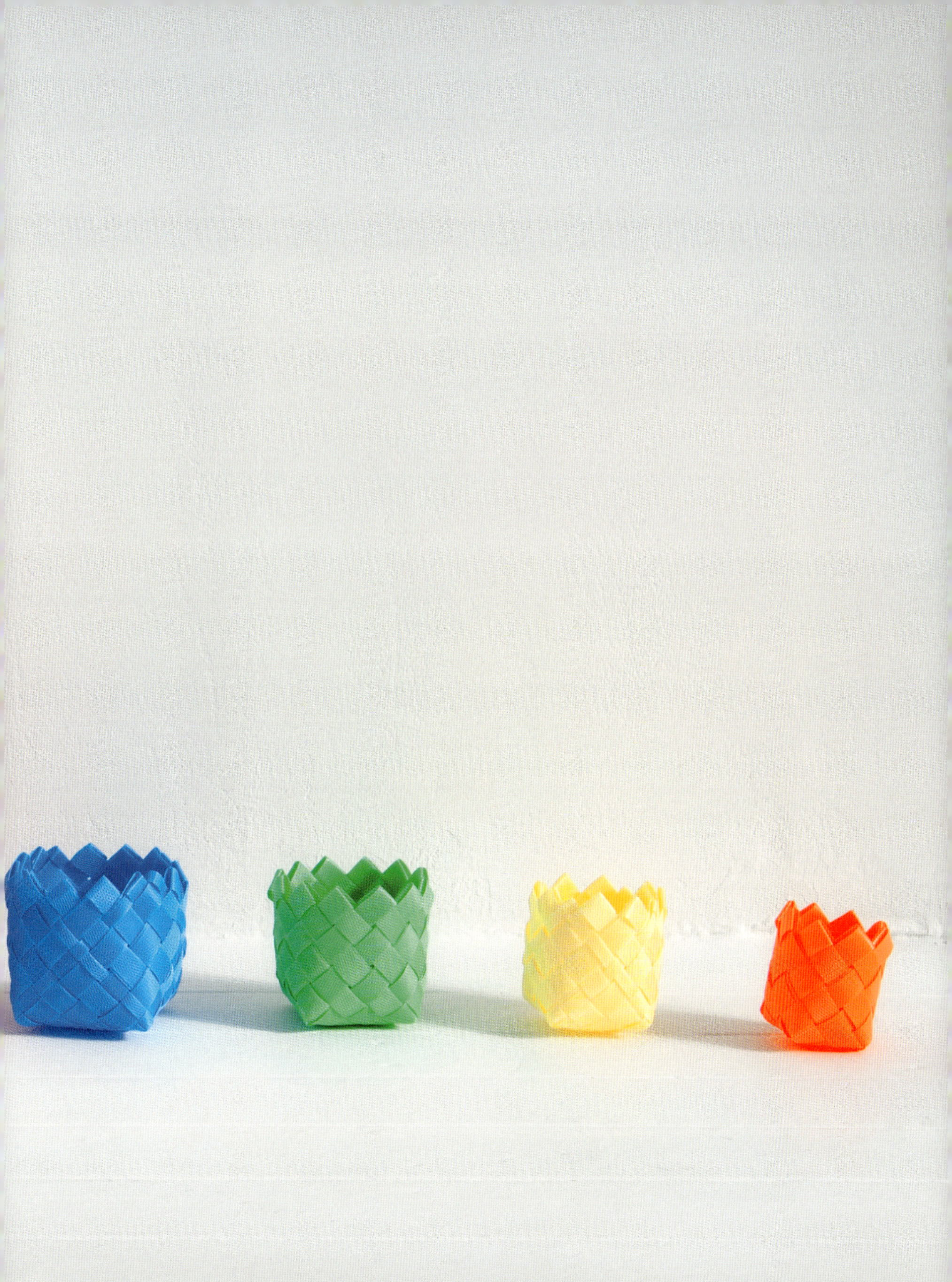

WALL POCKET
壁掛け用のかご

小さなサイズのウォールポケットです。
キッチンや玄関先の整理に役立ちそう。

作り方 | P.95

30

花器として使っても！
もちろん、お花は水を入れた器に入れてから、
このかごに入れてね。

64

プラかごの作り方

本書の16～21ページ「基本の編み方」を参照しながら、作品作りを行ってください。

P.24 01
こげ茶のかごバッグ
size: 横33×縦22×マチ14cm

◆ 技法
織り編み、平らな持ち手

◆ 材料
タテ材 95cm×21本、110cm×9本
編み材 105cm×13本
縁材 105cm×2本
持ち手 165cm×4本、芯材83cm×2本

◆ 作り方

1 底を作る (P.16)
タテ材21本×9本で底を組む。全体を33cm×14cmぐらいに調整する。

2 立ち上げて側面を編む (P.17)
編み材を入れて13段編む。

3 タテ材を折り返す (P.19)
縁材を重ね、タテ材を折り返してしまつする。

4 平らな持ち手を作る (P.20)
芯材の周りに2本の材で54cm組み、本体中央に14cmの間隔で取りつける。もう1本も同様に組み、取りつける。

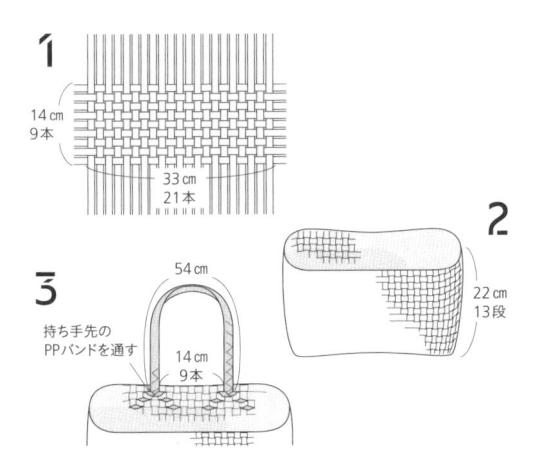

P.25 02
黒のかごバッグ
size: 横33×縦22×マチ14cm

◆ 技法
織り編み、丸い持ち手

◆ 材料
タテ材 95cm×21本、110cm×9本
編み材 105cm×13本
縁材 105cm×2本
持ち手 150cm×4本 (⅓幅に割いて12本)
芯材70cm×4本 (¼幅に割いて8本の束を2つ作る)

◆ 作り方

1 底を作る (P.16)
タテ材21本×9本で底を組む。全体を33×14cmぐらいに調整する。

2 立ち上げて側面を編む (P.17)
編み材を入れて13段編む。

3 タテ材を折り返す (P.19)
縁材を重ね、タテ材を折り返してしまつする。

4 丸い持ち手を作る (P.21)
芯材 (8本の束) の周りに材6本で63cm組み、本体中央に14cmの間隔で取りつける。もう1本も同様に組み、取りつける。

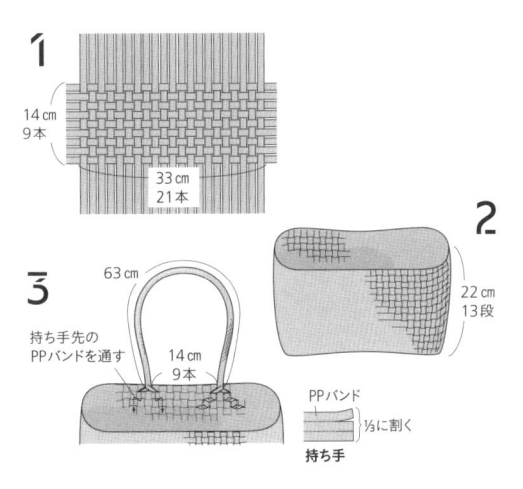

65

P.25 03 青のかごバッグ

size: 横33×縦22×マチ14cm

◆ 技法
織り編み

◆ 材料
タテ材　95cm×21本、110cm×9本
編み材　105cm×13本
縁材　105cm×2本
持ち手　2m40cm×2本（½幅、2.5mm～3mm幅に割いて8本とる）
ボタン　90cm×1本
掛け紐　2mm幅で60cm×3本（持ち手の割いた残りを利用）

◆ 作り方

1 底を作る (P.16)
タテ材21本×9本で底を組む。全体を33×14cmぐらいに調整する。

2 立ち上げて側面を編む (P.17)
編み材を入れて13段編む。

3 タテ材を折り返す (P.19)
縁材を重ねてタテ材を折り返してしまつする。

4 持ち手を作る
❶ 4本の端20cm残して束にし、クリップでとめる。図を参照し、Aを隣のBCの間に倒す。
❷ Bを隣のCDの間に、Cを隣のDAの間に順に倒し、DをAの下に通す。
❸ 各材を引いて緩みをしめる。
❹❺ 以後時計回りで螺旋状に32cm組む。

5 持ち手を取りつける
持ち手の端を2本ずつに分けて本体中央に11cmの間隔をあけて編み目に入れ、4回折り返して通し入れる。もう1本も同様に組み取りつける。

6 ボタンを作る
❶ 材の端を持ち、もう一方の端で輪を作る。長い方の端を上から、その輪の中にいれる。
❷ その端を短く残した端の上に重ねて緩みを引く。そのまま長い端を3周重ねる。
❸ できたボタン。残りの端はそのままにしておく。

7 ボタンを取りつける
本体手前の中央、1段目のところにボタンの端を入れ、端を内側の編み目に通し入れる。

8 掛け紐を編んで取りつける
紐用の両端15cmを残して三つ編みで20cm編む。端を本体後ろ側の中央の編み目に通して内側で結び、編み目に通し入れる。

1
14cm 9本
33cm 21本

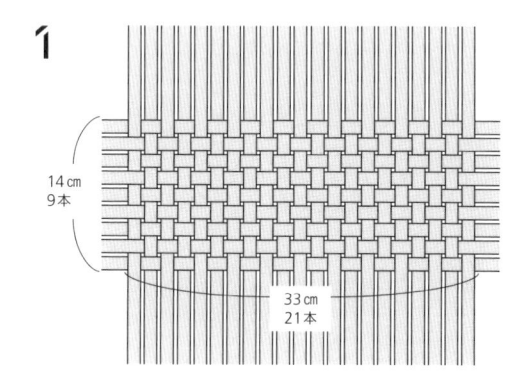

2
22cm 13段

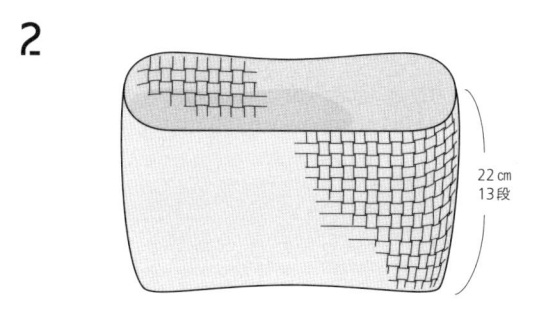

4

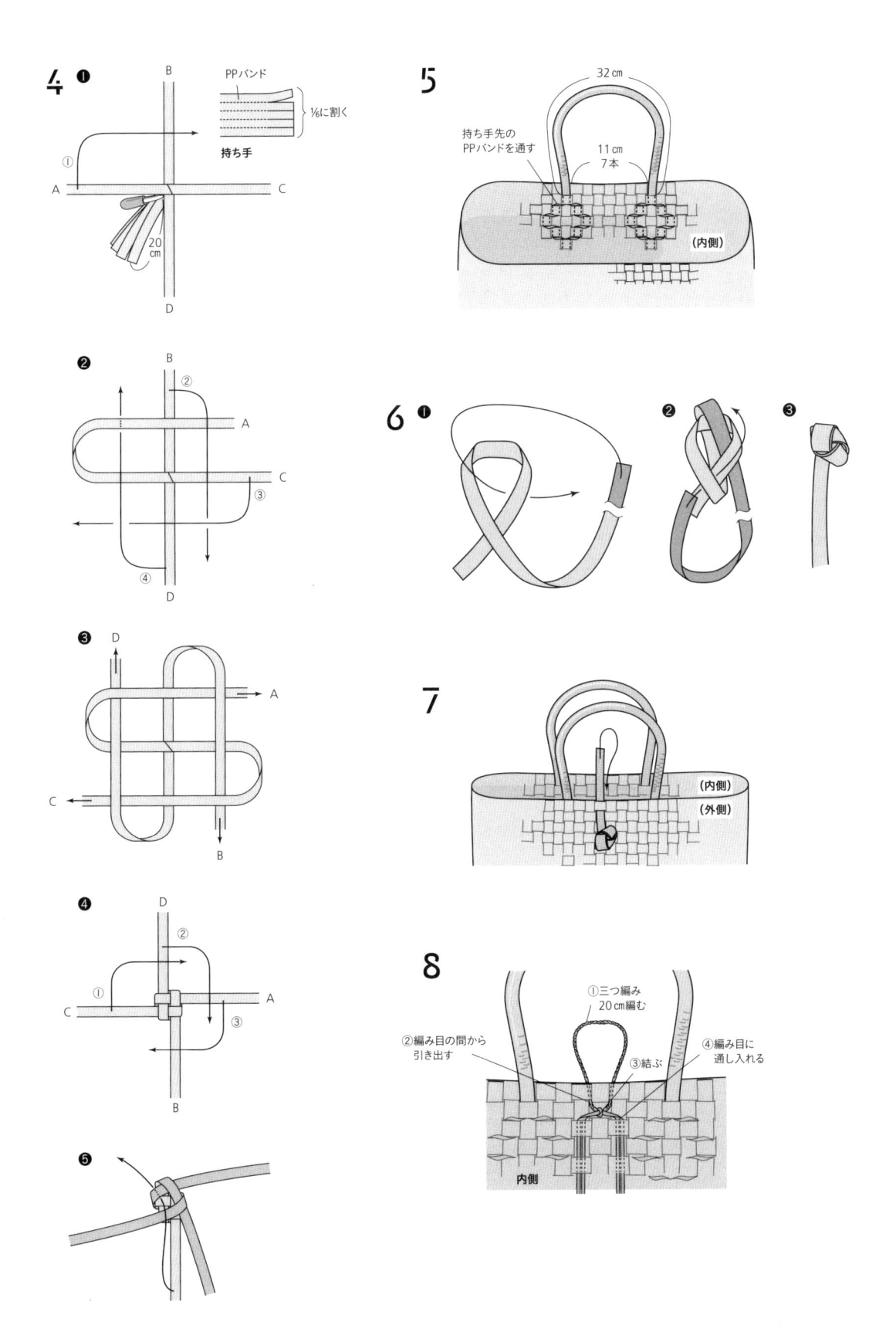

❶

PPバンド
⅙に割く
持ち手

20cm

❷

❸

❹

❺

5

32cm
持ち手先の
PPバンドを通す
11cm
7本
(内側)

6

❶ **❷** **❸**

7

(内側)
(外側)

8

①三つ編み
20cm編む
②編み目の間から
引き出す
③結ぶ
④編み目に
通し入れる
内側

P.28 04 緑×白のかごバッグ
size: 横33×縦30×マチ14㎝

◆ 技法
織り編み、平らな持ち手

◆ 材料
- タテ材　110㎝×21本（緑15本、白6本）、125㎝×白9本
- 編み材　105㎝×18本（白9本、緑9本）
- 縁材　　105㎝×緑2本
- 持ち手　160㎝×4本（白2本、緑2本）、芯材80㎝×白2本

◆ 作り方

1 底を作る (P.16)
タテ材21本×9本で底を組む。色の順番は短いタテ材：左から緑5、白3、緑5、白3、緑5、長い方は白9本。全体が33×14㎝になるように調整する。

2 立ち上げて側面を編む (P.17)
編み材で白3段、緑3段、白3段、緑3段、白3段、緑3段、合計18段編む。

3 タテ材を折り返す (P.19)
縁材を重ねてタテ材を折り返してしまつする。

4 平らな持ち手を作る (P.20)
芯材の周りに白1本と緑1本の2本で48㎝組む。本体中央に14㎝の間隔で取りつける。もう1本も同様に組み、取りつける。

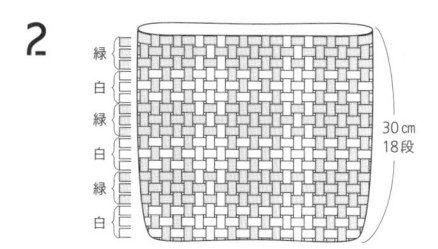

P.29 05 黄×赤のかごバッグ
size: 横33×縦30×マチ14㎝

◆ 技法
織り編み、平らな持ち手

◆ 材料
- タテ材　110㎝×21本（黄13本、赤8本）、125㎝×9本（黄5本、赤4本）
- 編み材　105㎝×18本（赤12本、黄6本）
- 縁材　　105㎝×赤2本
- 持ち手　160㎝×赤4本、芯材80㎝×赤2本

◆ 作り方

1 底を作る (P.16)
04のかごバッグと同様に、タテ材21本と9本で底を組む。色の順番は短いタテ材：黄1、赤1、黄1、赤1、黄1、赤1、黄1、赤1、黄5、赤1、黄1、赤1、黄1、赤1、黄1、赤1、黄1の順で、長い方のタテ材：黄1、赤1、黄1、赤1、黄1、赤1、黄1、赤1、黄1の順。全体が33×14㎝になるように調整する。

2 立ち上げて側面を編む (P.17)
編み材で赤1段、黄1段を6回繰り返し（合計12段）、残りの6段は赤で編む。合計18段編む。

3 タテ材を折り返す (P.19)
縁材を重ねてタテ材を折り返してしまつする。

4 平らな持ち手を作る (P.20)
芯材の周りに材2本で48㎝組む。本体中央に14㎝の間隔で取りつける。もう1本も同様に組み、取りつける。

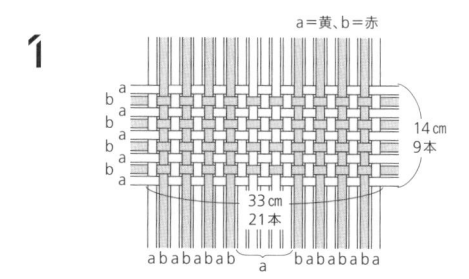

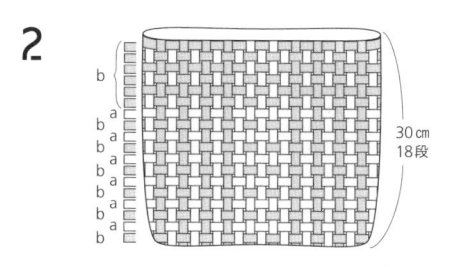

P.30 06 赤×黄のかごバッグ
size:横33×縦30×マチ14cm

◆ 技法
織り編み、平らな持ち手

◆ 材料
- タテ材　110cm×21本（赤12本、黄9本）、125cm×9本（赤6本、黄3本）
- 編み材　105cm×18本（赤15本、黄3本）
- 縁材　105cm×黄2本
- 持ち手　160cm×黄4本、芯材80cm×黄2本

◆ 作り方

1 底を作る (P.16)
04のかごバッグと同様にタテ材21本×9本で底を組む。色の順番は短いタテ材：赤3、黄3、赤3、黄3、赤3、黄3、赤3で、長い方のタテ材：赤3、黄3、赤3。全体が33×14cmになるように調整する。

2 立ち上げて側面を編む (P.17)
編み材赤で15段、残りの3段は黄色。合計18段編む。

3 タテ材を折り返す (P.19)
縁材を重ねてタテ材を折り返してしまつする。

4 平らな持ち手を作る (P.20)
芯材の周りに材2本で48cm組む。本体中央に14cmの間隔で取りつける。もう1本も同様に組み、取りつける。

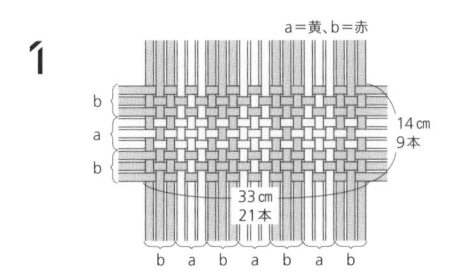

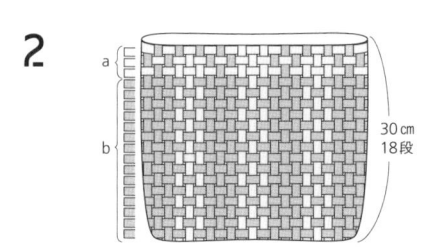

1　a=黄、b=赤
14cm 9本
33cm 21本

2
30cm 18段

P.31 07 ピンク×群青×紫のかごバッグ
size:横27×縦23×マチ14cm

◆ 技法
織り編み、平らな持ち手

◆ 材料
- タテ材　95cm×ピンク17本、107cm×ピンク9本
- 編み材　90cm×10本（ピンク4本、群青4本、紫2本）
  90cm×ピンク3本（½幅に割いて6本）
- 縁材　90cm×ピンク2本
- 持ち手　130cm×ピンク4本、芯材50cm×ピンク2本

◆ 作り方

1 底を作る (P.16)
タテ材17本×9本で底を組み、全体の大きさを27×14cmに調整する。

2 立ち上げて側面を編む (P.17)
編み材で1段ずつピンク½幅、群青、ピンク½幅、紫、ピンク½幅、群青の順で編む。その後ピンクを3段編み、群青、ピンク½幅、紫、ピンク½幅、群青、ピンク½幅、ピンクで合計16段編む。

3 タテ材を折り返す (P.19)
縁材を重ねてタテ材を折り返してしまつする。

4 平らな持ち手を作る (P.20)
芯材の周りに2本の材で38cm組み、本体中央に10cmの間隔で取りつけ、端を2回折り返して編み目に通し入れる。もう1本も同様に組み、取りつける。

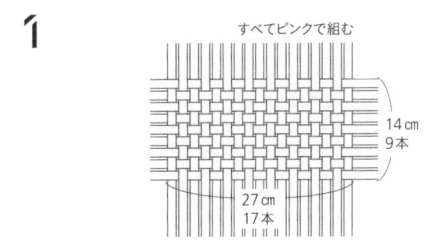

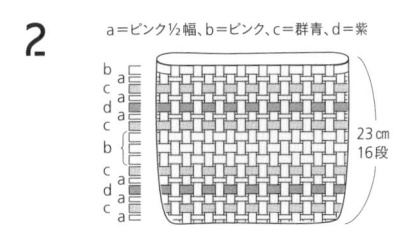

1　すべてピンクで組む
14cm 9本
27cm 17本

2　a=ピンク½幅、b=ピンク、c=群青、d=紫
23cm 16段

08 ピンク×白のかごバッグ

size: 横33×縦30×マチ14cm

◆ 技法

織り編み、平らな持ち手

◆ 材料

タテ材　110cm×21本（ピンク13本、白8本）
　　　　125cm×9本（ピンク4本、白5本）
編み材　105cm×18本（ピンク7本、白11本）
縁材　　105cm×白2本
持ち手　160cm×ピンク4本、芯材80cm×ピンク2本

◆ 作り方

1 底を作る (P.16)

04のかごバッグと同様にタテ材21×9本で底を組む。色の順番は短いタテ材：白1、ピンク1、白1、ピンク3、白1、ピンク1、白1、ピンク3、白1、ピンク1、白1、ピンク3、白1、ピンク1、白1。長い方のタテ材：白1、ピンク1、白1、ピンク1、白1、ピンク1、白1、ピンク1、白1。全体が33×14cmになるように調整する。

2 立ち上げて側面を編む (P.17)

編み材ピンク1、白1を6回繰り返し、ピンク1段を入れて白5段編む。合計で18段編む。

3 タテ材を折り返す (P.19)

縁材を重ねてタテ材を折り返してしまつする。

4 平らな持ち手を作る (P.20)

芯材の周りに材2本で48cm組む。本体中央に14cmの間隔で取りつける。もう1本も同様に組み、取りつける。

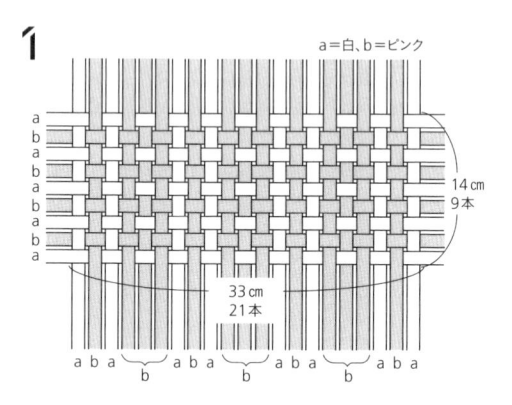

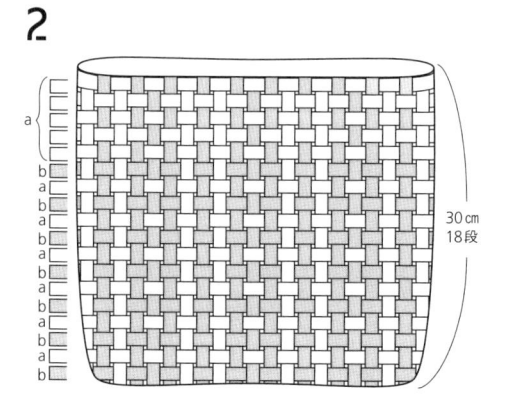

1

a＝白、b＝ピンク

33cm 21本
14cm 9本

2

30cm 18段

P.34 09 透明ピンク×透明黄×透明のかごバッグ

size: 横24×縦30×マチ10㎝

◆ 技法
織り編み（あじろ編み）、丸い持ち手

◆ 材料

タテ材	115㎝×透明ピンク7本（½幅に割いて14本） 100㎝×透明ピンク16本（½幅に割いて32本） 56㎝×透明ピンク1本（½幅に割いて1本使う）
編み材	5m×透明黄1本（½幅に割いて2本） 5m×透明ピンク1本（½幅に割いて1本を使う） 5m×透明1本（½幅に割いて2本）
縁材	85㎝×透明ピンク½幅5本（編み材5m×½幅の残りを使う）
持ち手	90㎝×透明ピンク4本（それぞれ⅓幅に割いて12本） 芯材30㎝×透明ピンク4本（¼幅に割いて8本の束を2つ作る）

◆ 作り方

1 底を作る
タテ材14本×32本で2本ずつ上下して底を組む。右端のタテ材に56㎝のタテ材を底から重ねて入れて足し、クリップでとめる。

2 立ち上げて側面を編む
❶ 編み材の透明黄の端を細く切って先を細くする。
❷ その材を左端から3本目のタテ材に入れて編み始め、周囲を2本ずつ上下して編む。
❸ 足した短い材を勘定に入れて編み、1周したら螺旋状に続けて材がなくなるまで15段編む。

3 編み材の色を変える
透明ピンクの材をタテ材数本重ねて編み材を継ぐ。1周したらかごの脇で1本ずつ上下して編むのを1回編む。毎段ごとにこれを行い、7段編む。

4 編み材の色を変える
材がなくなったら編み材透明を前回と同じ脇で重ねて継ぎ、最初と同様に2本ずつ上下して14段編む。編み材の残りの材を細く切ってかごの縁が水平になるようにする。

5 縁のしまつ
❶ 縁用の透明ピンク½幅材を入れて下のあじろのパターンに合わせて2本ずつ編む。1周し最後の3本は1本ずつ編み、端どうしを重ねる。
❷ 縁材を2本合わせてタテ材を編んで1周する。最後の3本を1本ずつ編んで端どうしを重ねる。同様にしてもう1周編む。

6 タテ材を折り返す
❶ 内側にあるタテ材を縁にかけて表側に折り返し、下の編み目に通し入れる。
❷ 表側のタテ材を縁にかけて内側へ折り返し、端を下の編み目に入れる。

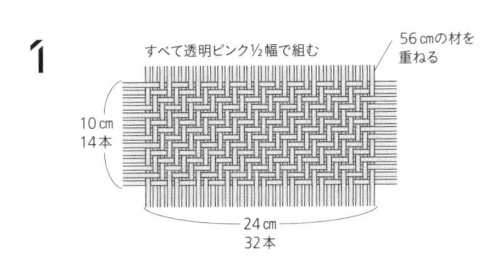

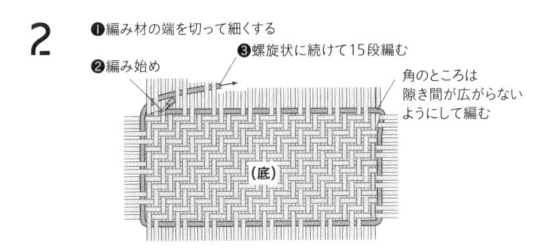

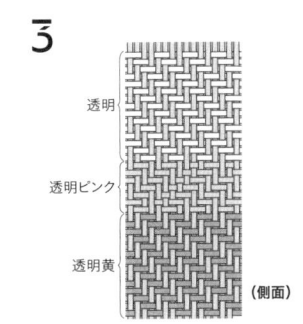

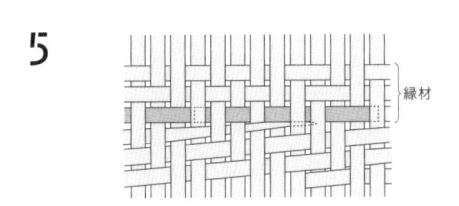

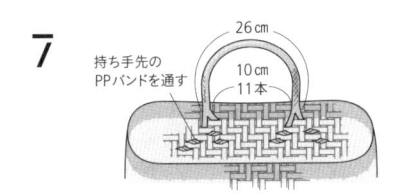

7 丸い持ち手を作る (P.21)
芯材の端を20㎝残して周りに6本で26㎝組む。本体中央に10㎝の間隔で端を通し入れ、2回折り返して編み目に通し入れる。同様にもう1本も組み、取りつける。

透明青×透明緑×透明のかごバッグ

P.35 10

size: 横34×縦30×マチ16cm

◆ 技法
組み編み、丸い持ち手

◆ 材料
165cm×40本(透明24本、透明緑10本、透明青6本)
持ち手 100cm×5本(透明1本×透明青4本、⅓幅に割いて透明2本、透明青10本とる)
芯材50cm×透明青4本(¼幅に割いて8本の束を2つ作る)

◆ 作り方

1 底を作る (P.18)

20×20本を組む。色の順は縦方向左から透明緑1、透明青1、透明緑1、透明6本、透明緑1、透明青1、透明6本、透明緑1、透明青1、透明緑1。横方向、上から透明緑1、透明青1、透明緑1、透明6本、透明青1、透明緑1、透明6本、透明緑1、透明青1、透明緑1の順。全体を35cm角に調整し、図1中の線(両端Yの字とその間)に縦横の材の中央を合わせる。

2 角を組んで立ち上げる (P.18)

図1の○印をつけた材を交差して角を組んで立ち上げ、底から14段組む。

3 材を折り返してしまつする (P.19)

❶ 14段の半分のところで材を下へ折り返す。①を2回、②を1回組み目に通し入れて左周りで1周し最後は1目ずつ入れる。
❷ 縁から2段と半分のところで交差する材を③④の順で上に折り返し、縁まで組み目に通す。
❸ 縁で交差する材を⑤⑥の順で折り返し、下の組み目に通し入れて見えないようにぎりぎりで切る。

4 丸い持ち手を作る (P.21)

芯材の周りに透明1本と透明青5本の6本で32cm組み、本体中央に12cmの間隔で端を差し込み、2回折り返して組み目に通し入れる。同様にもう1本も組み、取りつける。

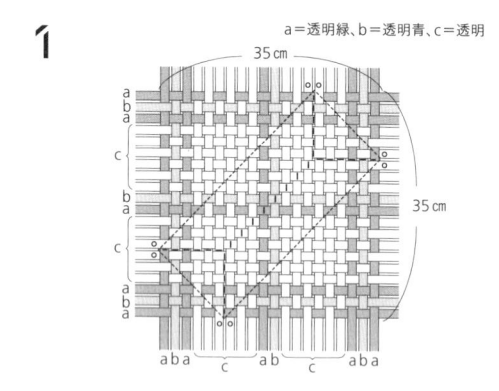

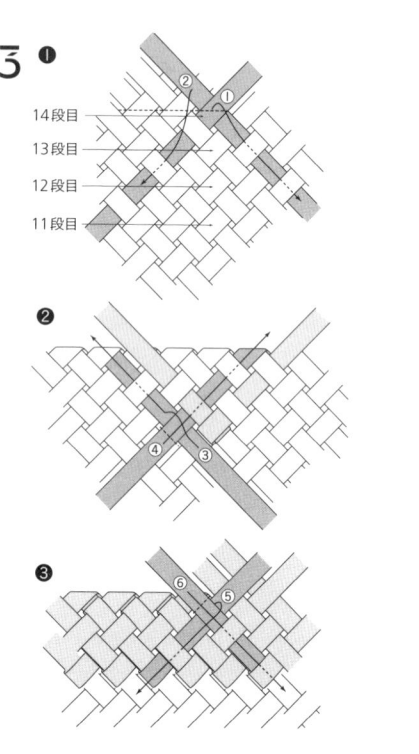

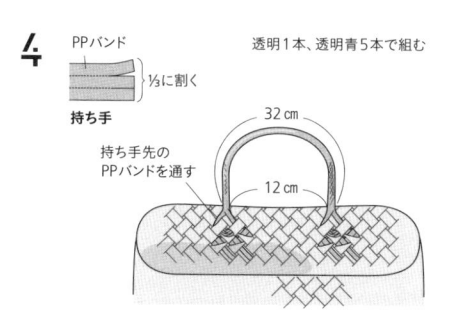

1
a=透明緑、b=透明青、c=透明
35cm × 35cm

3
❶ 14段目 13段目 12段目 11段目
❷
❸

4
PPバンド
⅓に割く
持ち手
透明1本、透明青5本で組む
32cm
12cm
持ち手先のPPバンドを通す

P.38 11 黒×青×群青×緑×深緑のかごバッグ

size: 横26×縦26×マチ12cm

◆ 技法
組み編み

◆ 材料
135cm×32本（黒16本、緑4本、青4本、深緑4本、群青4本）
持ち手 100cm×深緑4本（½幅に割いて8本）
芯材45cm×深緑1本（½幅に割いて2本）

◆ 作り方

1 底を作る (P.18)

16×16本を組む。
色順は縦方向の材、左から1本ずつ、黒、群青、黒、緑、黒、青、黒、深緑、黒、群青、黒、緑、黒、青、黒、深緑。横方向の材の上から1本ずつ、深緑、黒、群青、黒、緑、黒、青、黒、深緑、黒、緑、黒、青、黒、黒。全体の大きさが26.5cm角になるように調整し、図1中の線（両端Yの字とその間）に縦横の材の中央を合わせる。

2 角を組んで立ち上げる (P.18)

端から5本と6本目の材（図1中の○印）を交差して角を組んで立ち上げ、底から12段組む。

3 材を折り返してしまつする (P.19)

12段の半分のところで材を下へ折り返し、組み目に端を通し入れる。

4 持ち手を作る

❶ 端を15cm残した持ち手の材2本ずつをクリップで固定し、芯材1本の端を挟む。裏の2本の材を表にまわして組む。全体を裏側に向けて4本を組む。材の面が常に同じ側にくるように、表裏交互に組み、37cm作る。
❷ 本体中央に13cmの間隔で端を差し込み取りつける。芯材はぎりぎりで切る。同様にもう1本組み、取りつける。

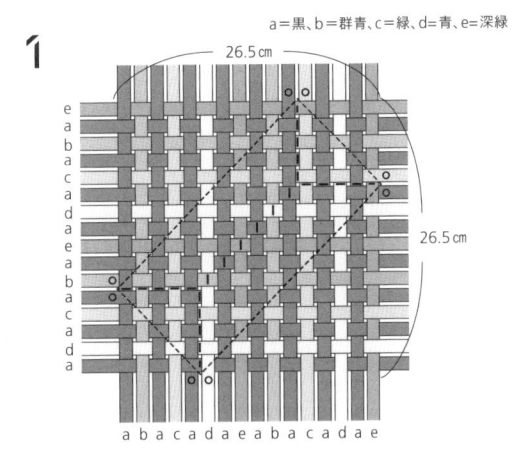

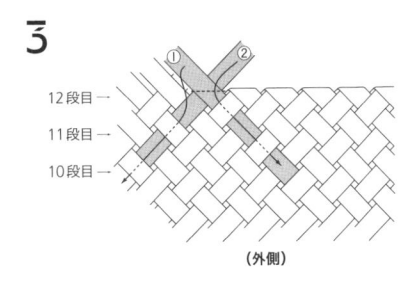

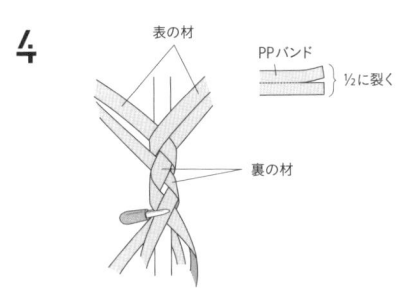

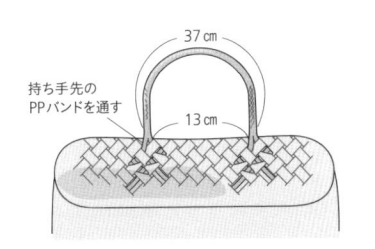

1

a=黒、b=群青、c=緑、d=青、e=深緑

26.5cm / 26.5cm

3 12段目→ 11段目→ 10段目→ （外側）

4 表の材 / PPバンド ½に裂く / 裏の材

37cm / 13cm / 持ち手先のPPバンドを通す

73

P.38 12 黒×赤×緑×オレンジ×青×群青×ピンクのかごバッグ

size: 横28×縦21×マチ12cm

◆ 技法
組み編み、丸い持ち手

◆ 材料

	120cm×34本（黒18本、緑4本、赤3本、青3本、オレンジ2本、ピンク2本、群青2本）
持ち手	120cm×オレンジ4本（⅓幅に割いて12本）、芯材60cm×オレンジ4本（¼幅に割いて8本の束を2つ作る）
ボタン	90cm×オレンジ1本
掛け紐	2mm幅で75cm×黒3本

◆ 作り方

1 底を作る (P.18)

17×17本を組む。色の順は縦方向左から黒、ピンク、黒、赤、黒、緑、黒、オレンジ、黒、青、黒、ピンク、黒、群青、黒、緑、黒。横方向上から黒、緑、黒、赤、黒、オレンジ、黒、青、黒、群青、黒、緑、黒、赤、黒、青、黒。全体を28cm角に調整し、図1中の線（両端Yの字とその間）に縦横の材の中央を合わせる。

2 角を組んで立ち上げる (P.18)

端から5本と6本目の材（図1中○印）を交差して角を組んで立ち上げ、底から10段組む。

3 材を折り返してしまつする (P.19)

10段目の半分のところで材を下へ折り返して組み目に端を通し入れる。

4 丸い持ち手を作る (P.21)

芯材の周りに6本で47cm組み、本体中央に14cmの間隔で端を差し込み、2回折り返して組み目に通し入れる。もう1本も同様に組み、取りつける。

5 ボタンを作って取りつける

P.66～67を参照してボタンを作る。本体中央の1つと半分下がった黒の組み目にボタンの端を入れて下まで重ねる。

6 掛け紐を編んで取りつける

紐は両端20cm残して三つ編みを23cm編む。半分に折って輪を作り、8cmのところで2束を一緒にして一結びする。端を本体の外側から入れ、内側でも一結びした後、端を組み目に通し入れる。

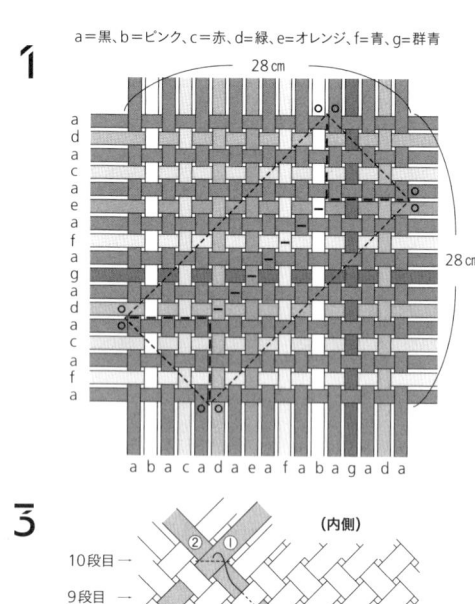

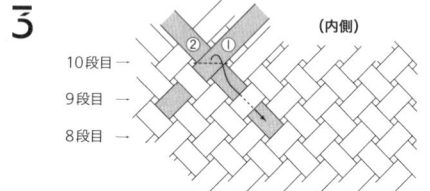

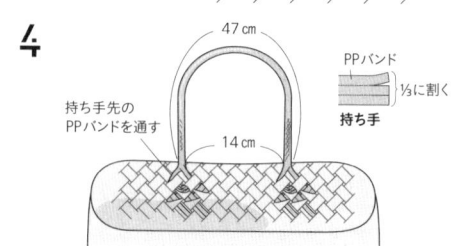

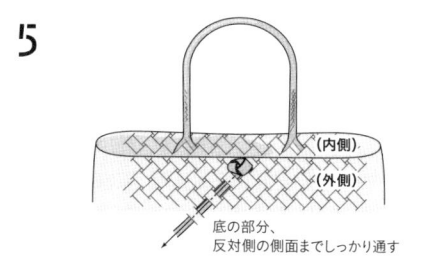

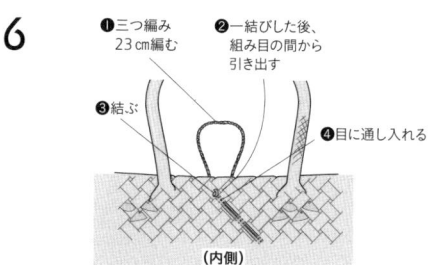

P.39 13 白×透明青×透明黄のかごバッグ

size: 横26×縦26×マチ12cm

◆ 技法
組み編み、丸い持ち手

◆ 材料
130cm×白32本、135cm×透明黄8本（½幅に割いて16本）、135cm×透明青8本（½幅に割いて16本）
持ち手 100cm×透明黄4本（½幅に割いて8本）、芯材40cm×透明黄1本（½幅に割いて2本）

◆ 作り方
＊11のかごバッグと底の組み方から角、縁のしまつ（1～3まで）は同様です。P.73も参照してください。

1 底を作る (P.18)
11のかごバッグと同様に、白の材16×16本を組む。

2 角を組んで立ち上げる (P.18)
端から5本と6本目の材を交差して角を組んで立ち上げ、底から12段組む。

3 材を折り返してしまつする (P.19)
12段の半分のところで材を下へ折り返して組み目に端を通し入れる。

4 透明½幅材を重ねる (P.21)
かごの底から透明青と透明黄の½幅の材を白い材の上に重ねる。図のように／の方向に透明黄、＼の方向に透明青を重ね、角のところだけ色を変える。

5 重ねた材を折り返してしまつする
重ねた材を縁から内側へ折り返し、組み目に重ねて通し入れる。15cmくらい通したら端を切る。

6 持ち手を作る
11のかごバッグを参考に、1本の芯材の周囲に4本で、34cmの長さまで組んで本体中央に11cmの間隔で取りつける。同様にもう1本組み、取りつける。

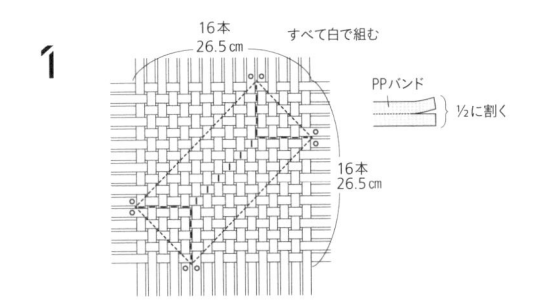

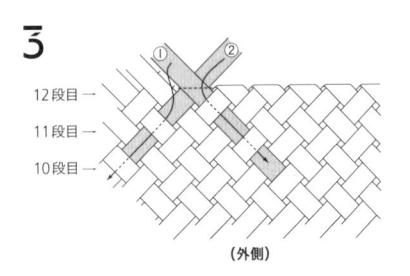

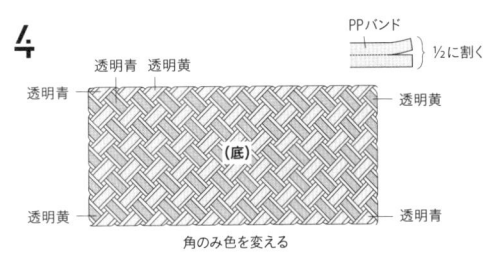

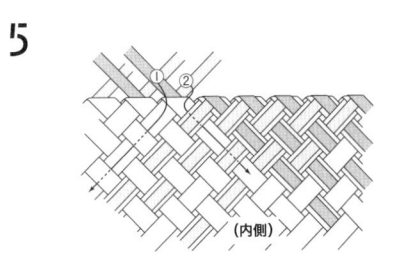

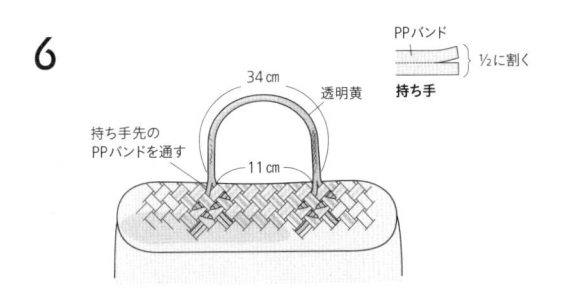

P.40 14 ブラウン×ベージュのかごバッグ
size: 横26×縦26×マチ12㎝

◆ 技法
組み編み、平らな持ち手

◆ 材料
135㎝×32本（ブラウン16本、ベージュ16本）
持ち手 130㎝×ブラウン4本、芯材65㎝×ブラウン2本

◆ 作り方
＊11のかごバッグと底の組み方から角（1～2）までは同様です。P.73も参照してください。

1 底を作る (P.18)
11のかごバッグと同様に16×16本で組む。色の順は縦方向左からブラウン8本、ベージュ8本、横方向上からブラウン8本、ベージュ8本。

2 角を組んで立ち上げる (P.18)
端から5本と6本目の材（図1中○印）を交差して角を組んで立ち上げ、底から12段組む。

3 材を折り返してしまつする (P.19)
❶ 12段の半分のところで材を下へ折り返し、組み目に端を通し入れる。縁から2段下で交差する材を上へ折り返し組み目に通し、端が見えないようにぎりぎりで切る。
❷ 右方向へ折り返す材は、縁の三角の形に端を切って差し込む。

4 平らな持ち手を作る (P.20)
芯材の周りに、2本で35㎝組み本体中央に10㎝の間隔で端を差し込み、芯材を1回折り返して下の組み目に入れ、持ち手の材を2回折り返して組み目に入れる。同様にもう1本も組み、取りつける。

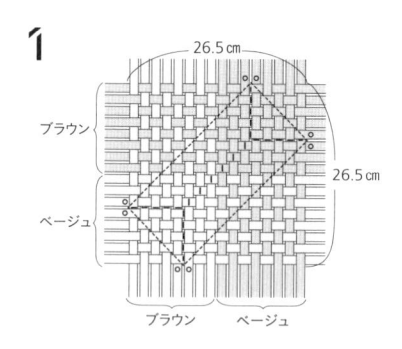

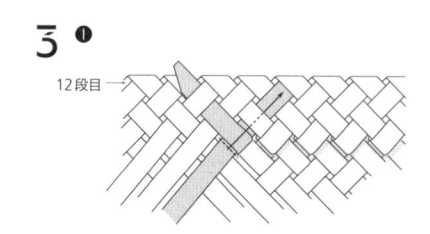

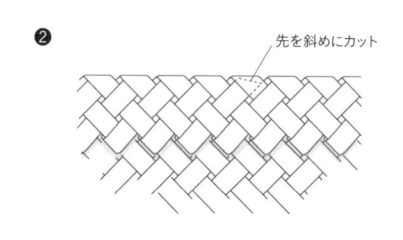

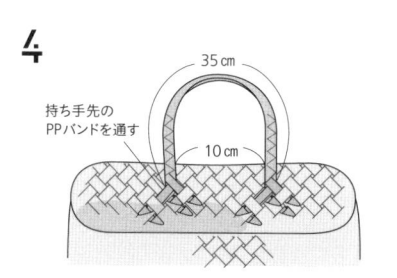

P.41 15 黄×オレンジのかごバッグ

size: 横30×縦29.5×マチ11cm

◆ 技法
組み編み（あじろ編み）、丸い持ち手

◆ 材料
　　　155cm×36本
　　　（オレンジ18本、黄18本、それぞれ½幅に割いて36本ずつ）
持ち手　100cm×黄4本（⅓幅に割いて12本）
　　　芯材50cm×黄4本（¼幅に割いて8本の束を2つ作る）

◆ 作り方

1 底を作る (P.18)

❶ 黄16本を縦に並べ、オレンジ16本を1本ずつ横に入れて組む。一番上の材の組み方は左から1本上、以後2本ずつ上下を繰り返し、端の1本の上で右へ出る。その下にオレンジを入れて組むが右端の1本上の所が左にずれるように組む。この箇所が材の中央になる。

❷ 外側の上下にオレンジを、左右に黄色を10本ずつ組む。

❸ Yの字の箇所に1本だけ組むところを交互に作る。足した材の中央を合わせ、全体を28.5cm角くらいに調整する。

2 角を組んで立ち上げる (P.18)

Yの字のところ（4カ所）、端から10本、11本目の材を交差して角を2本ずつ上下して組む（図1-❷参照）。以後2本ずつ上下して高さ29.5cmまで組む。

3 材を折り返してしまつする (P.19)

❶ 交差した材を折り返して、端を組み目に通し入れる。

❷ 縁から4段下がったところで、材を上へ折り返して組み目に通し入れ、見えないようにぎりぎりで切る。

4 丸い持ち手を作る (P.21)

芯材の周囲に6本で33cm組む。本体中央に10cmの間隔で端を通し入れ、2回ずつ折り返して組み目に通し入れる。同様にもう1本組み、取りつける。

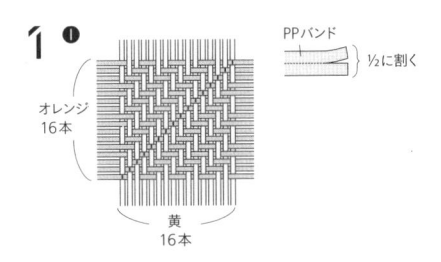

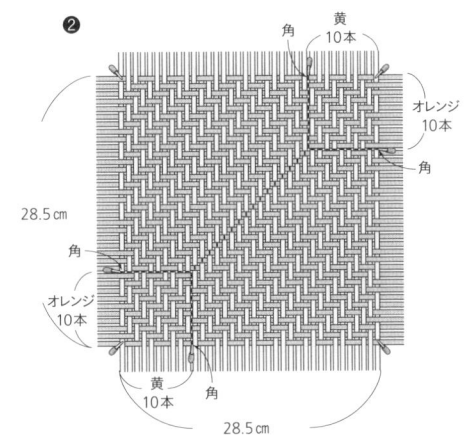

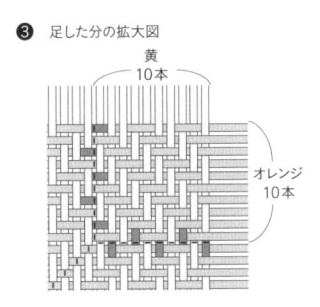

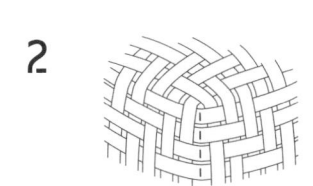

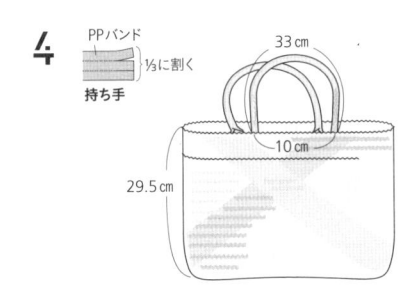

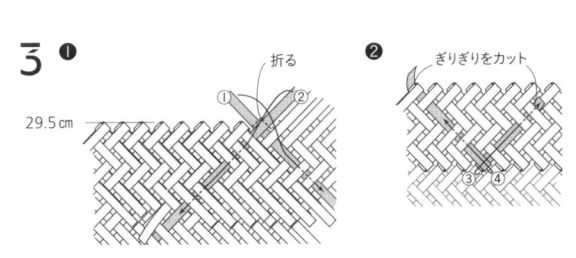

P.42 16 赤×白のかごバッグ

size:横32×縦30×マチ14㎝

◆ 技法
組み編み（あじろ編み）、丸い持ち手

◆ 材料
　　　165㎝長さ×40本
　　　（赤24本、白16本、それぞれ½幅に割いて赤48本、白32本）
持ち手　100㎝×白4本（⅓幅に割いて12本）
　　　芯材65㎝×白4本（¼幅に割いて8本の束を2つ作る）

◆ 作り方
＊15のかごバッグ作り方、P.77も参照してください。

1 底を作る
❶ 15のかごバッグと同様にして、白16本×白16本を組み、材の中央を合わせる。
❷ 外側の上下と左右に12本ずつ、赤の材を加える。
❸ Yの字の箇所に1本だけ組むところを交互に作る。足した材の中央を合わせ、全体の大きさを32㎝角くらいに調整する。

2 角を組んで立ち上げる (P.18)
Yの字のところ（4カ所）、端から12本と13本目の材を交差して角を2本ずつ上下して組む（図❷参照）。高さ30㎝まで2本ずつ上下して組む。

3 材を折り返してしまつする (P.19)
15のかごバッグと同様に、交差した材を端で折り返して組み目に通し入れ、端を切る。

4 丸い持ち手を作る (P.21)
芯材の周りに6本で36㎝組み、本体中央に13㎝の間隔で両端を差し込み、折り返して組み目に通し入れる。もう1本も同様に組み、取りつける。

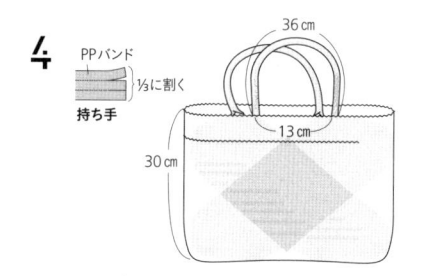

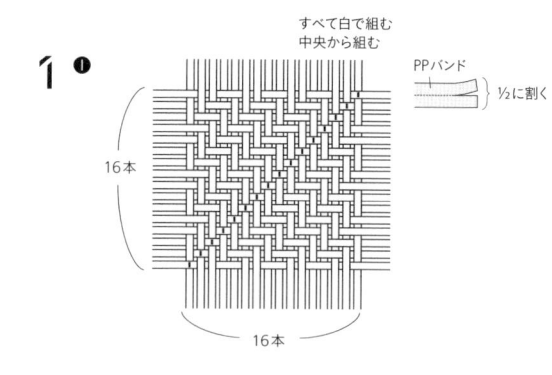

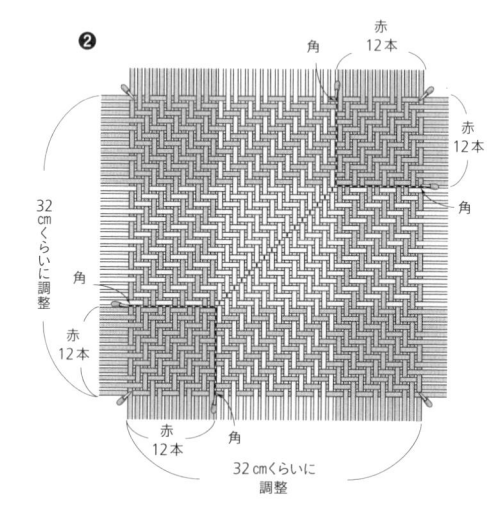

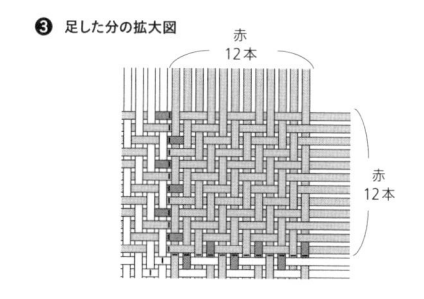

❶ すべて白で組む　中央から組む
PPバンド　½に割く
16本 × 16本

❷ 赤12本　角　赤12本　角　32㎝くらいに調整　角　赤12本　角　赤12本　32㎝くらいに調整

❸ 足した分の拡大図　赤12本　赤12本

2

4　PPバンド　⅓に割く　持ち手
36㎝　13㎝　30㎝

P.43 17 ピンク×グレーのかごバッグ

size:横40×縦30×マチ12cm

◆ 技法
組み編み（あじろ編み）、丸い持ち手

◆ 材料
165cm×45本（ピンク16本、グレー29本をそれぞれ½幅に割いてピンク32本、グレー58本）
持ち手 90cm×グレー4本（⅓幅に割いて12本）
芯材50cm×グレー4本（¼幅に割いて8本の束2つ作る）

◆ 作り方
＊15のかごバッグ作り方、P77も参照してください。

1 底を作る

❶ 15のかごバッグと同様にして、1本上を組む箇所をずらしながらグレーで25×25本を組み、材の中央を合わせる。
❷ 外側の上下と左右に8本ずつピンク、端に2本ずつグレーを組む。
❸ 15のかごバッグと同様にして、Yの字に1本だけ組むところを交互に作る。足した材の中央を合わせ、全体の大きさを36cm角くらいに調整する。

2 角を組んで立ち上げる (P.18)

Yの字のところ（4カ所）、端から10本と11本目の材を交差して角を2本ずつ上下して組む（図1参照）。高さ30cmまで組む。

3 材を折り返してしまつする (P.19)

15のかごバッグと同様に、交差した材を折り返し、縁より5段目で①②の順で折り返す。

4 丸い持ち手を作る (P.21)

芯材の周りに6本で30cm組み、本体中央に18cmの間隔で端を通し、2回ずつ折り返して、組み目に通し入れる。もう1本も同様に組み、取りつける。

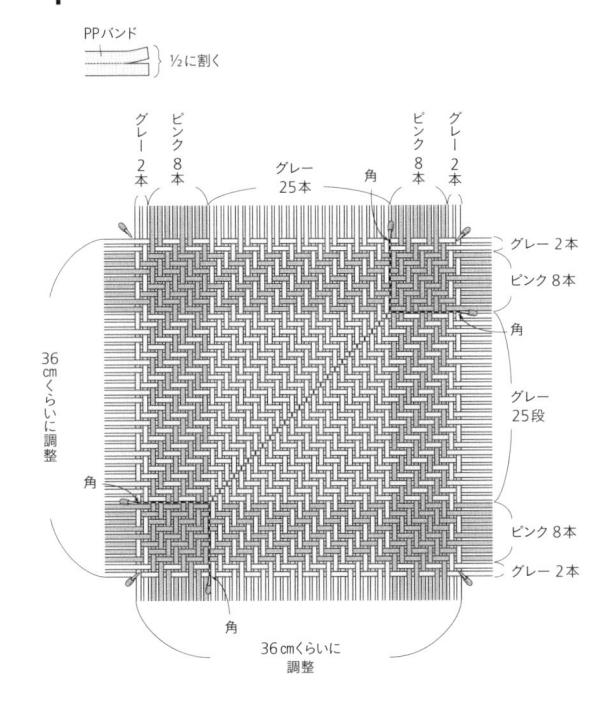

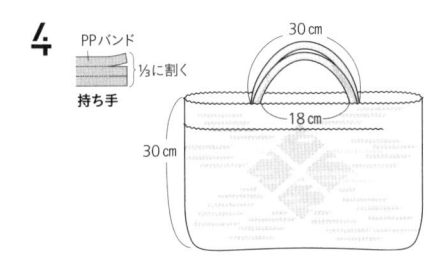

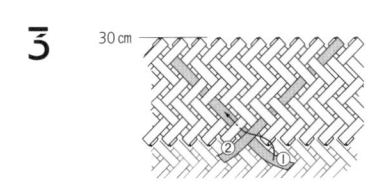

P.44 18 ブラウン×深緑×青のかごバッグ

size: 横32×縦22×マチ7cm

◆ 技法
組み編み(てっせん編み)、平らな持ち手

◆ 材料
　　　100cm×ブラウン20本、130cm×ブラウン4本
　　　150cm×24本(深緑12本、青12本)
持ち手 120cm×4本(深緑2本、青2本)、芯材70cm×青2本

◆ 作り方
*ブラウンで底を組み、側面とマチに深緑と青の材を差し込んで組みます。

1 底を作る(P.17)
ブラウン20本×4本を組む。

2 側面の材の準備
❶青の中央を図のように直角に2回折る。残りも同様に折る。
❷深緑の中央を図のように直角に2回折る。残りも同様に折る。

3 側面の材を入れる
❶深緑の材の端を左から3本目の脇から入れて、一方の端を2本先から出す。❷折ったところを裏側に差し込み、図のように斜めに材が並ぶようにする。❸以後ブラウンの材2本おきに深緑を差し込む。端はブラウンの材2本上下してクリップで固定する。❹青の材を深緑と同じところから逆方向に入れ、折ったところを裏側に差し込む。❺材が入ったらブラウンの材を上に組みかえる。同様に2本ごとに差し込んで組む。❻深緑、青ともに5ペアずつ上下に材を差し込んで側面を組む。どの材も3本上、3本下を通って組む。

4 マチに材を入れる
❶深緑を側面と同様に差し込む。❷青も同様に差し込んで組む。

5 立ち上げて側面とマチを合体する
❶ブラウンの底の角を直角に折って立ち上げ、マチに入れた深緑の左端を2本越えて組む。❷青の材もマチに入れて組む。❸マチの右側も組んで全体を合体し、3本ずつ上下して高さ22cmまで組む。

6 材を折り返してしまつする
深緑のみ、青の材を表に出して組みかえておく。4本で1つのペアにして①〜④の順で手前に折り返し、下の組み目に端を通し入れる。❶ブラウン①を深緑に掛けて斜め左へ折り、青の材の下の組み目に通し入れる。❷深緑②を倒したブラウンの材に掛けて下へ折り、ブラウンの組み目に通し入れる。❸ブラウン③を倒した深緑に掛けて斜め右へ折り、深緑の組み目に通し入れる。❹青④を倒したブラウンに掛けて下へ折り、ブラウンの組み目、星形の下まで入れ、端が外に出ないように切る。残りも同様に折り返してしまつする。

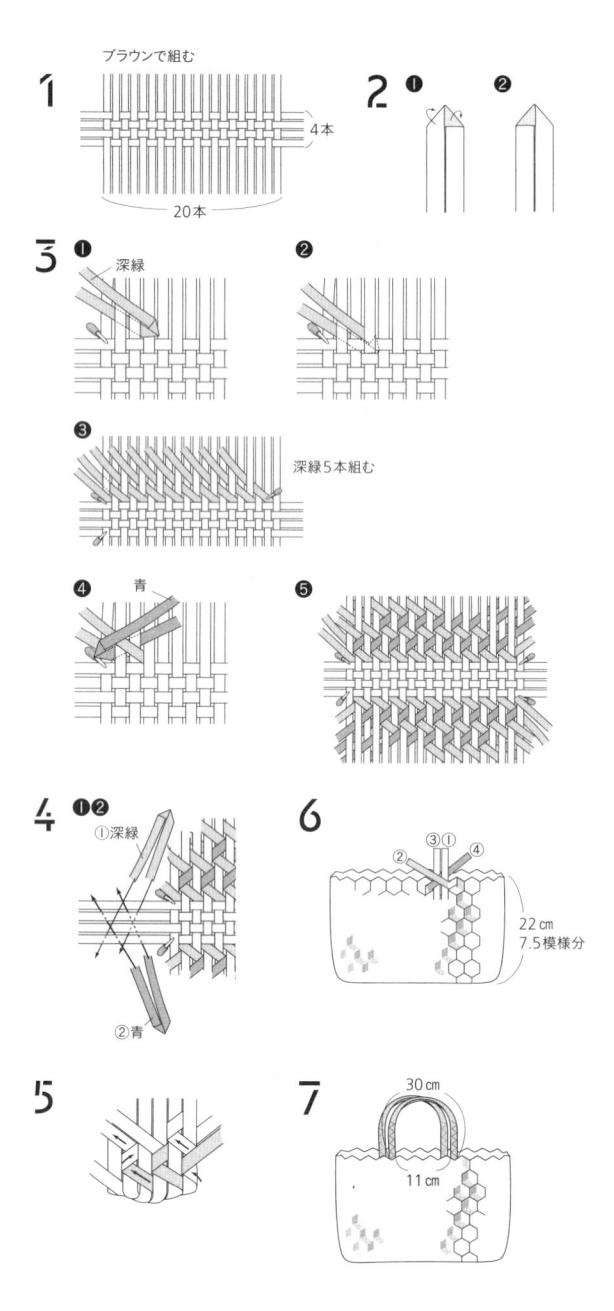

7 平らな持ち手を作る(P.20)
芯材の周りに2本で平らな持ち手を30cm組み、本体中央に11cmの間隔で芯材を通し、持ち手の端を3回折り返して端を通し入れる。もう1本も同様に組み、取りつける。

P.45 19 こげ茶×ベージュ×グレー×紫のかごバッグ

size:横36×縦24×マチ12cm

◆ 技法
組み編み(てっせん編み)、平らな持ち手

◆ 材料
160cm×こげ茶34本、120cm×こげ茶18本
持ち手　130cm×こげ茶4本、芯材55cm×こげ茶2本
飾り　96cm×3本(グレー、ベージュ、紫各1本ずつ)

◆ 作り方

1 底を作る

❶ 4本の長い材を斜めに交差させる。
❷ 短い材2本を交差の上下に足す。以後も横は短い材を使う。
❸ 星の形になるように、短い材を1本ずつ上下に足す。
❹ 長い材を左右に2本ずつ足して星の形にする。
❺ 横に短い材、左右に長い材を3方向の外側に1本ずつ足して組む。
❻ その後も横に短い材を合計18本、長い材を合計30本足して組んだら、上下に2本ずつ長い材を組む。1本の材は3本ずつ上下して組むので、3方向の材が出会ったら数を数えるか、星の形になるように組んでいく。各材の真ん中は短い材を底の中央に合わせ、その他の長い材は側面を組んだら、縁から30cm確保できるようにずらす。

2 角を組んで立ち上げる

図1-❻中の薄い色がついた6カ所で角を組んで立ち上げる。
❶ それぞれ2本を曲げ真横に並ぶように倒し、五角の星形を組む。面が立体になる。
❷ 同様に合計6カ所で5角の星形を組んで角を作る。そのままある材だけで側面を組む。

3 材を折り返してしまつする

24cmの高さまで組んだら、縁を折り返す。
❶ 縁のみ①の材を表に出して組み、点線で向こう側へ折り下の組み目に通し入れる。
❷ ②の材を点線で向こう側へ折って、斜め左の組み目に通し入れる。
❸ ③の材を手前へ折り返し、斜め右に通し入れる。
❹ ④の材を手前へ折り返して、下の組み目に通し入れる。

4 飾りのテープを入れる

飾りのテープを縁から7cmのところ、短い材の組み目の下、横に通し、端どうしを重ね入れる。他2本のテープも同様に間隔をあけて通す。

5 持ち手を作る (P.20)

芯材の周りに2本で平らな持ち手を35cm組む。本体の中央に12cm間隔で端を通し、2回折り返して組み目に通し入れる。もう1本も同様に組み、取りつける。

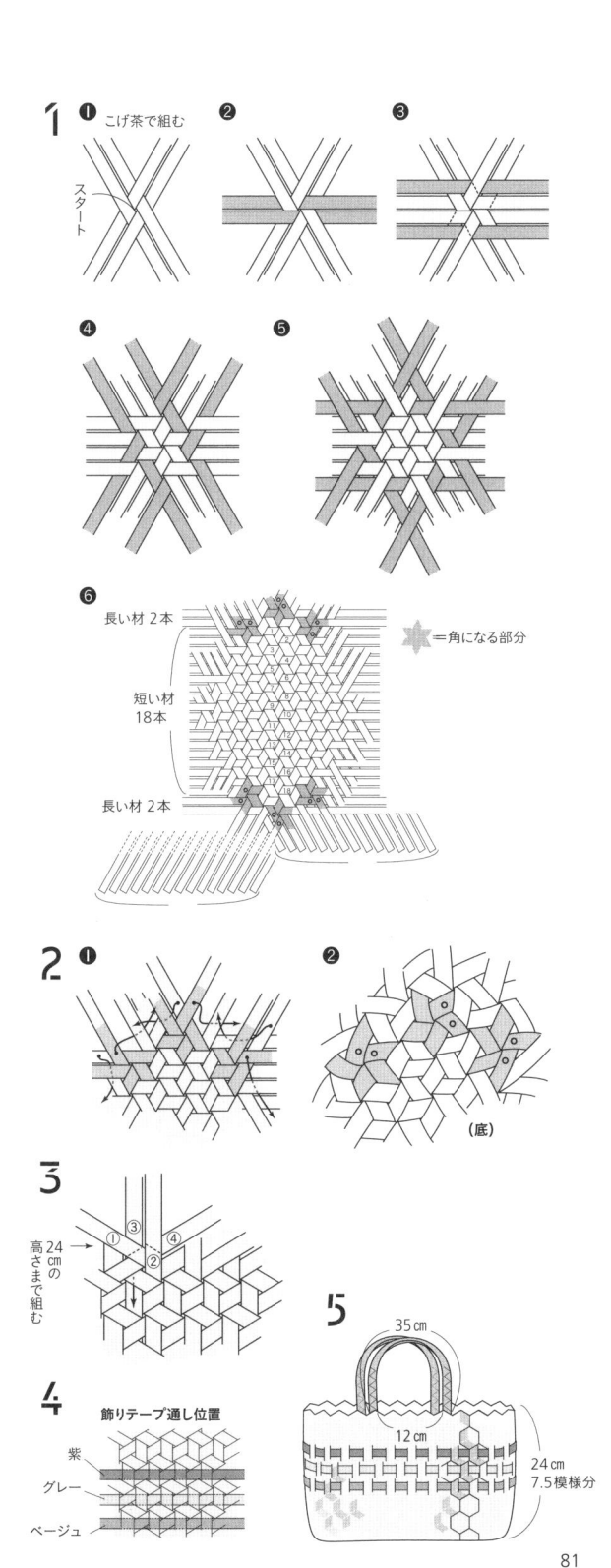

81

P.46 20 ベージュ×黒×こげ茶×白のかごバッグ

size: 横14.5×縦13×マチ26㎝

◆ 技法
織り編み、平らな持ち手

◆ 材料
タテ材　72㎝×ベージュ17本、83㎝×ベージュ9本
編み材　95㎝×8本
　　　　（こげ茶3本、黒2本、白3本、白のみ½幅に割いて5本使う）
縁材　　95㎝×こげ茶2本
持ち手　100㎝×ベージュ4本
　　　　芯材40㎝×ベージュ2本

◆ 作り方

1 底を作る（P.16）
タテ材17×9本で底を組む。

2 立ち上げて側面を編む（P.17）
編み材の白½幅で1段目を編み立ち上げて、こげ茶、白½幅、黒、白½幅、こげ茶、白½幅、黒、白½幅、こげ茶の順に10段編む。

3 タテ材を折り返す（P.19）
縁材を重ねてタテ材を折り返して編み目に通し入れる。

4 平らな持ち手を作る（P.20）
芯材の周りに2本で23㎝組む。本体中央に11㎝の間隔で芯材を通し、持ち手の材を2回ずつ折り返して編み目に通し入れる。もう1本も同様に組み、取りつける。

1　すべてベージュで組む
9本
17本

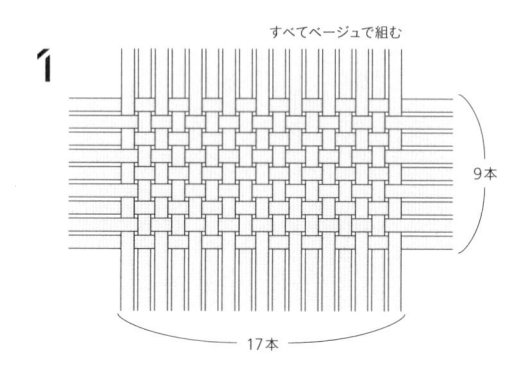

2　a＝こげ茶、b＝白½幅、c＝黒
13㎝
10段

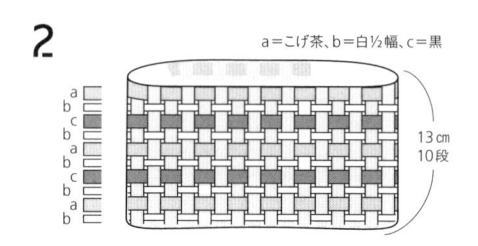

3　持ち手先のPPバンドを通す
23㎝
11㎝

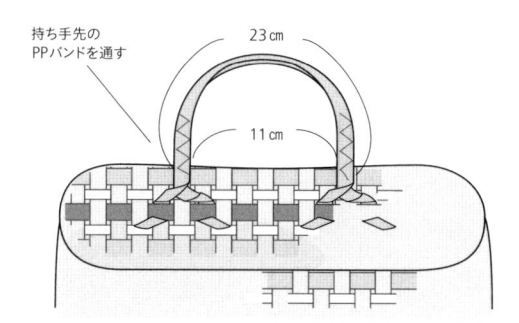

P.50 22 洗濯かご

size:底24×24㎝、口の直径31㎝、高さ33㎝

◆ 技法
組み編み、平らな持ち手

◆ 材料
200㎝×40本(白28本、青12本)
140㎝×12本(透明4本、青8本)
持ち手　105㎝×白4本、芯材55㎝×白2本
縁補強材　110㎝×白3本
(½に割り6本にする。すべて重ねてクリップでとめる)

◆ 作り方

1 底を作る (P.18)

200㎝長さの材20×20本で底を組む。色の順は縦方向左から白5本、青3本、白4本、青3本、白5本、横方向上から白5本、青3本、白4本、青3本、白5本並べて組む。140㎝の材、透明4本を青3本の真ん中に、青をその両側に重ねて二重にする。

2 角を組んで立ち上げる (P.18)

図1中○印の材を交差させて、角を組んで立ち上げる。そのまま二重にした材も重ねたまま、側面を15段組む。

3 材を折り返してしまつする

❶ 15段の半分の高さのところで、本体の材を切らないように注意して重ねた透明と青の材のみを切る。材を折り返し、6本重ねた補強材を縁の中に入れながら、下の組み目に端を通し1周する。補強材の端どうしはつき合わせで切る。

❷ 縁から3段下で交差する材どうしを再び上へ折り返す。

❸ 縁で交差する材どうしで折り返して組み目に通し入れ、表に出ないようにぎりぎりで切る。

4 平らな持ち手を作る (P.20)

芯材の周りに2本で27㎝組む。本体中央に10㎝の間隔で外側に取りつける。

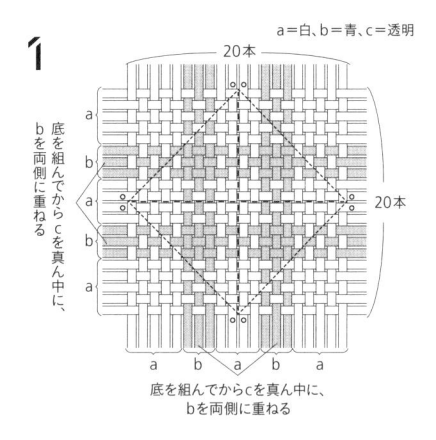

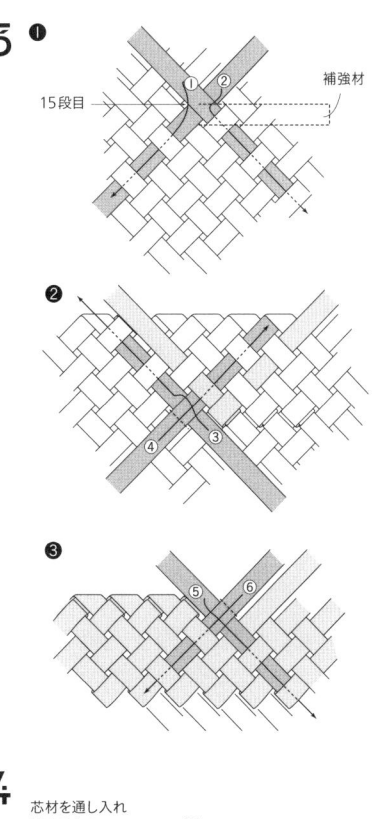

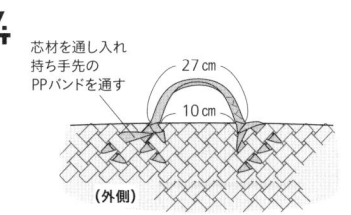

P.48 21 紫×ピンク×白×ブラウンの花六つ目かごバッグ

size:横30×縦23×マチ18cm

◆ 技法
組み編み（花六つ目編み）

◆ 材料

六つ目編みのかごの材料
- 110cm×紫 16本
- 100cm×紫 5本
- 長い½幅材の残りを短い材に活用すると節約できます。

入れる材
- 120cm×ピンク7本（½幅に割いて13本使う）
- 40cm×ピンク3本（½幅に割いて6本）
- 120cm×白3本（½幅に割いて5本使う）
- 40cm×白3本（½幅に割いて6本）
- 110cm×白2本（½幅に割いて3本使う）
- 120cm×ブラウン4本（½幅に割いて8本）
- 110cm×ブラウン1本（½幅に割いて2本）

縁材
- 110cm×紫 3本
- 縁用巻き材3m×紫1本（½幅に割いて1本使う）

持ち手
- 持ち手用巻き材2m×紫1本（½幅に割いて2本）
- 芯材150cm×紫1本（½幅に割いて2本）
- 28cm×ピンク1本（½幅に割いて2本）

◆ 作り方

＊最初に紫の材で六つ目編みのかごを作り、ピンク、白、ブラウンの½幅材を入れる。

1 紫の材で六つ目のかごを作る

1. 110cmの材、6本×6本×4本で底を組む。材の中央を底のそれぞれの中央に合わせる。
2. 100cmの材を周囲に入れて立ちあげる。図1中○印が五角形になる。合計で5段組む。

2 ピンク½幅材を入れる

1. 底中央の2個の六角形に120cmの材6本入れて組む。
2. 入れた材の端を3段先で出して内側へ入れるのをくり返し、縁まで通す。角から出る4本は、図②の矢印のように斜めに入れる。それぞれの通し方は図②を参照。
3. 120cmの材7本を入れる。同様に縁まで通すが、角を通る材は点線の矢印の方向に斜めに通す。図中○印はピンクの材が集まって六角形の花に見えるところ。角のところは五角形になる。
4. 40cmの材を6本、それぞれの角に1本ずつ入れて端まで通し入れる。

3 白の½幅材を入れる

1. 120cmの材5本を底に通す。図中○印のところはオレンジ材の上、その他は六つ目材、ピンク材の下を通る。
2. 入れた材の角のところはそれぞれの図中の矢印の方向へ通し、縁まで通す。
3. 40cmの材6本を6カ所の角に、1本ずつ入れて縁まで通す。

4. 110cmの材を白の材が交差しているところに、1周入れて端を重ねる。白の材が集まる交差の上を通り、その他は六つ目材、ピンク材の下を通る。同様に上に2段入れる。

4 ブラウンの½幅材を入れる

1. 120cmの材8本を底、側面に入れる。通し方は「花」の周りのピンク1本、白1本の交差の下を通り、その他は上へ通る。
2. 同様に2段目毎に110cmの材2本でそれぞれ1段ずつ1周して端を重ねる。全部の材を入れたら、縁から出る長さが10cm確保できるようにずらして調整する。

5 縁のしまつをする

1. 紫の縁材を1段上に入れて組み、1周して端を重ねる。
2. 六つ目の材を折り返し、10cmほど下の組み目に通し入れて重ね、端を切る。
3. 白、ブラウン、ピンクの材も縁材に掛けて折り、端を縁材の下から見えないように切る。
4. 縁の両側に縁材をあてて、紫½幅材で1周して巻く。端をクリップでとめて、隙き間があるところから内側へ通して巻く。

6 持ち手を作る

1. 芯材の端から30cm残して、本体の中央より6〜7cm左の縁の下の隙間に通す。クリップで固定して13cm間隔をあけて表側から通す。手の高さを10cmくらいに調整したら、同じところを折り返して往復重ねる。端がなくなるまでくり返し、クリップでとめる。
2. 巻き材の数cm端を芯に添わせる。
3. ピンク材を芯材の上（表側）に重ねて入れ、一緒に5回ほど巻く。
4. ピンクの材の下を1回巻いてピンクが見えるようにする。その後3回巻いたら、下の芯だけ1回巻くのをくり返す。
5. 端まで巻いたら、巻いた中に端を10cmほど通す。同様にしてもう1本の手も取りつける。

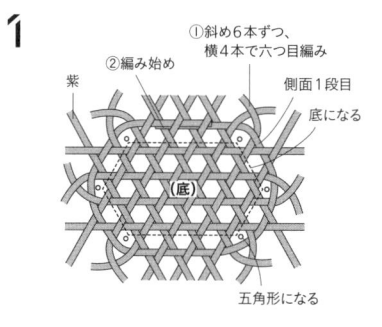

1
- 紫
- ②編み始め
- ①斜め6本ずつ、横4本で六つ目編み
- 側面1段目
- 底になる
- (底)
- 五角形になる

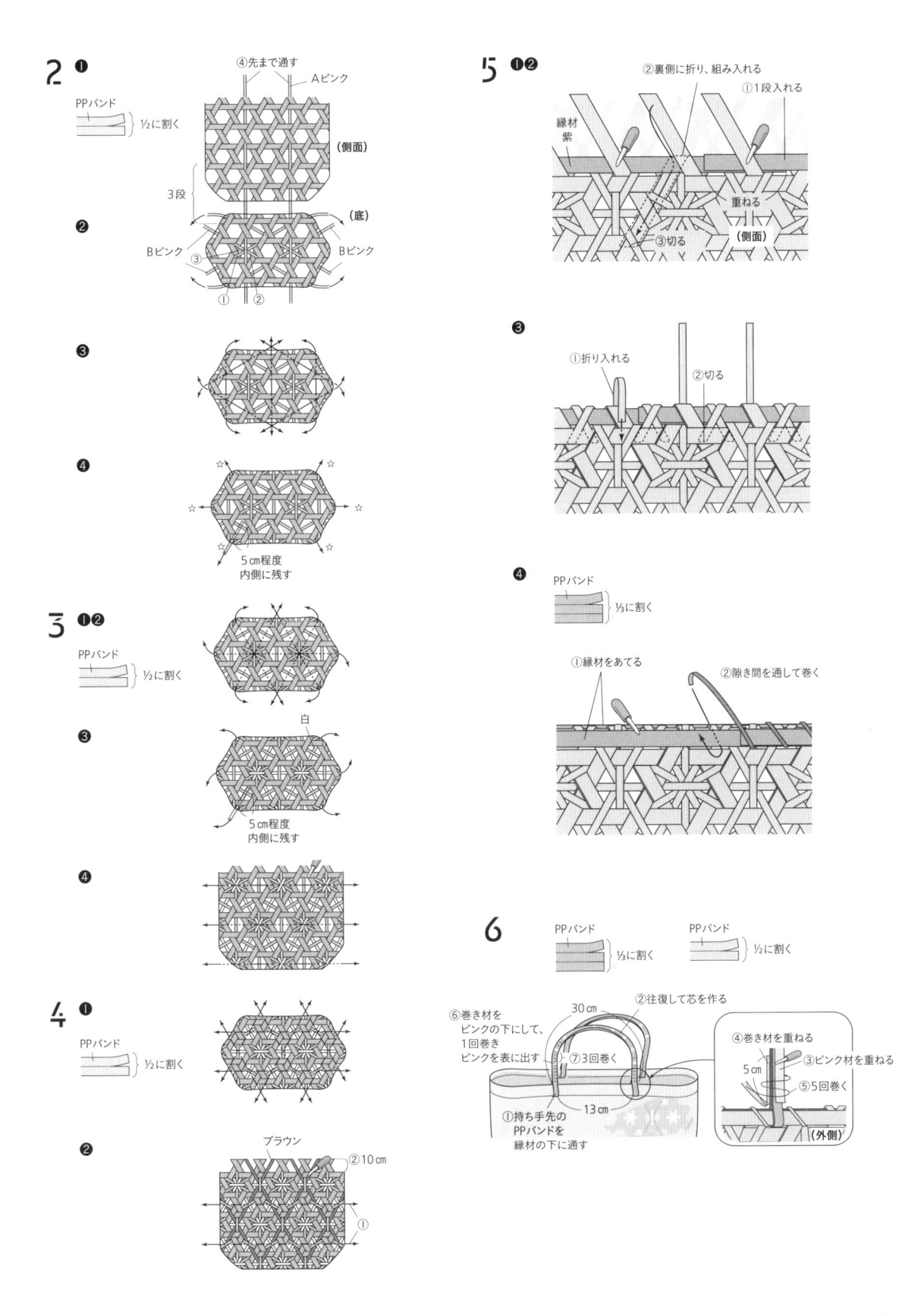

2

❶ PPバンド ½に割く
④先まで通す
Aピンク
(側面)
3段
(底)
Bピンク ③ Bピンク
①②

❷

❸

❹ 5cm程度内側に残す

3

❶❷ PPバンド ½に割く

❸ 白
5cm程度内側に残す

❹

4

❶ PPバンド ½に割く

❷ ブラウン
②10cm
①

5

❶❷
縁材紫
②裏側に折り、組み入れる
①1段入れる
重ねる
(側面)
③切る

❸
①折り入れる
②切る

❹ PPバンド ½に割く
①縁材をあてる
②隙間を通して巻く

6

PPバンド ½に割く　　PPバンド ½に割く

⑥巻き材をピンクの下にして、1回巻きピンクを表に出す
30cm
②往復して芯を作る
⑦3回巻く
13cm
①持ち手先のPPバンドを縁材の下に通す
④巻き材を重ねる
③ピンク材を重ねる
5cm
⑤5回巻く
(外側)

85

P.52 23 花六つ目の小物入れ
size：直径22×高さ19㎝

◆ 技法
組み編み（花六つ目編み）

◆ 材料
＊長い½幅材の残りを短い材に活用すると節約できます。

六つ目編みのかごの材料
　　　　　70㎝×オレンジ12本、77㎝×オレンジ4本
入れる材　100㎝×オレンジ3本（½幅に割いて6本使う）
　　　　　70㎝×オレンジ2本（½幅に割いて3本使う）
　　　　　25㎝×オレンジ3本（½幅に割いて6本）
　　　　　75㎝×白2本（½材幅に割いて3本使う）
　　　　　30㎝×白3本（½幅に割いて6本）
　　　　　77㎝×白1本（½幅に割いて2本）
　　　　　70㎝×緑3本（½幅に割いて6本）
　　　　　77㎝×緑1本（½幅に割いて2本）
縁材　77㎝×オレンジ2本
　　　　　縁用巻き材2m×オレンジ1本（⅓幅に割いて1本使う）

◆ 作り方
最初に六つ目編みのかごを作り、オレンジ、白、緑の½幅材を入れていく。

1 オレンジの材で六つ目のかごを作る
❶ オレンジの70㎝材4×4×4本の12本で底を組む。材の中央を底のそれぞれの中央に合わせる。
❷ 立ち上げて側面を組む
77㎝の材1本を入れて角を組み、1周して端どうしを合わせる。直径22㎝くらいに調整して立ち上げる。上に3段組む。

2 オレンジ½幅材を入れる
❶ 70㎝材3本を底中央の六角形に入れ、交差から中へそれぞれ通す。
❷ 入れた材の端をそれぞれの方向の3段目の（3つ目の三角の）交差から再び表へ出し、向かいの交差から内側へ入れて縁まで組む。
❸ 底に100㎝材6本を図2中の点線のように1本ずつ入れ、角からそれぞれ図の矢印の方向に斜めに入れて、縁まで通す。角に2本入ることになる。
❹ 25㎝材6本を1本ずつ、それぞれの角に差し込み、縁まで通し入れる。

3 白の½幅材を入れる
❶ 75㎝材3本を底中心の六角形のオレンジ½幅材の隙間から入れて、端を角から表へ出す。
❷ 出した端をオレンジ材の交点の上を通って斜め上の交差から中へ、斜め右方向に端まで入れて組む。同様に合計3本組む。
❸ 30㎝材6本を1本ずつそれぞれの角へ差し込み、斜め左上へ通し、縁まで入れる。
❹ 77㎝の材で底の角の所を通って1周し、端どうしを重ねる。同様に上の白が交差するところの上を1段組む。

4 緑の½幅材を入れる
❶ 70㎝材6本を底の中心の六角形の周り、白1本とオレンジ1本の材が交差する下に通す。
❷ 入れた材を縁まで入れて組む。
❸ 77㎝材2本を側面の六つ目の周り、白1本とオレンジ1本の材が交差する下に通し、それぞれ1周して端を重ねる。全部の材を入れたら、縁から出る長さが5㎝確保できるようにずらして調整する。

5 縁のしまつをする
❶ 縁材を表裏に重ねて、全体を洗濯バサミで数カ所押さえる。六つ目のオレンジ材を縁材に掛けて折り、縁材の下からはみ出た分を切る。他の½幅材は縁材の上ぎりぎりで切るか、縁に掛けて折り、はみ出た分を切る。
❷ 縁用巻き材の端を縁材の中に入れて、クリップで固定する。
❸ 巻き材で縁の下の隙間があいているところに掛けて巻き、1周する。
❹ 最後は同じところを2〜3回巻いて、縁材の間に両端を入れて切る。

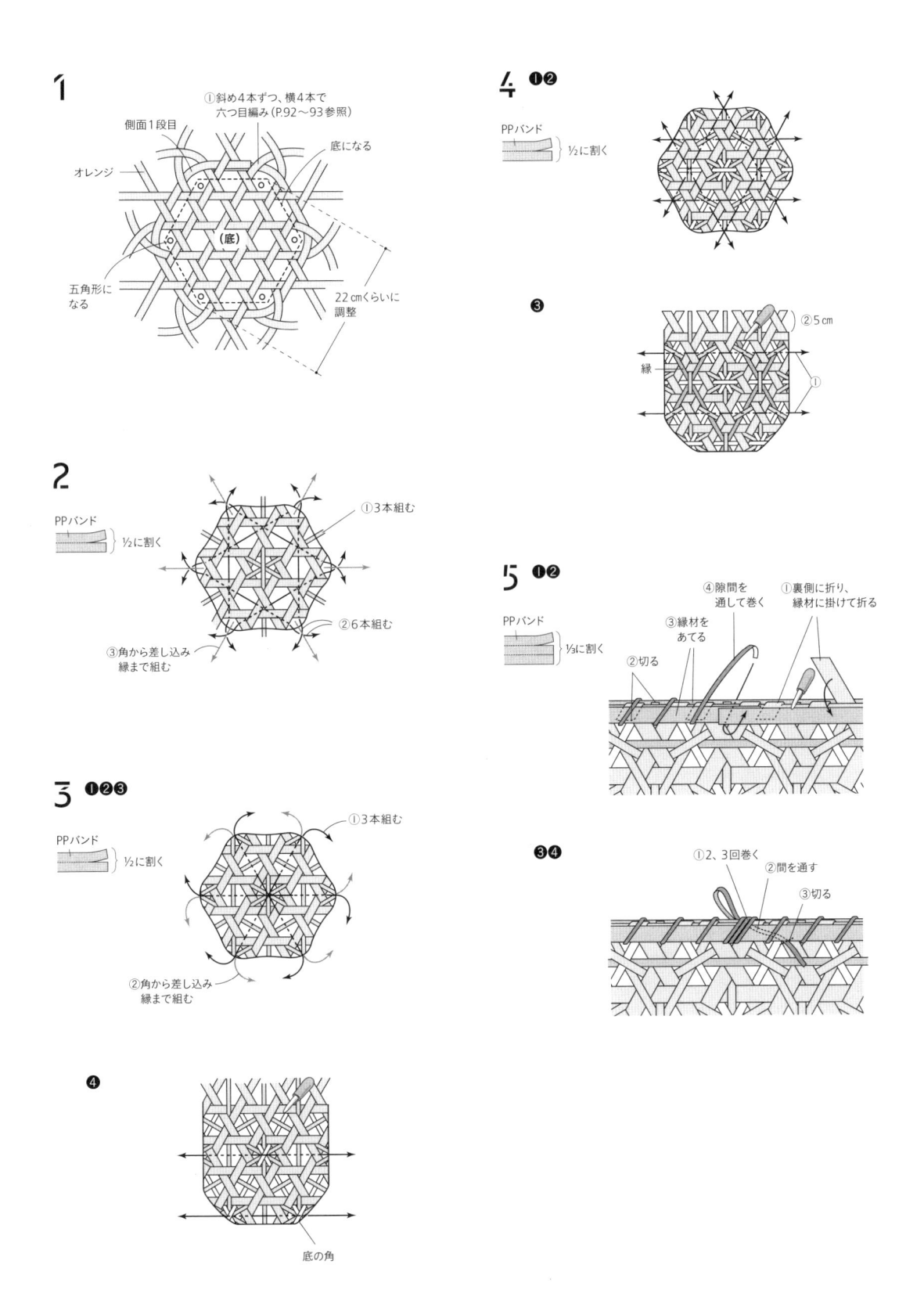

1

- 側面1段目
- オレンジ
- ①斜め4本ずつ、横4本で六つ目編み（P.92〜93参照）
- 底になる
- (底)
- 五角形になる
- 22cmくらいに調整

2

- PPバンド ½に割く
- ①3本組む
- ②6本組む
- ③角から差し込み縁まで組む

3 ❶❷❸

- PPバンド ½に割く
- ①3本組む
- ②角から差し込み縁まで組む

❹

- 底の角

4 ❶❷

- PPバンド ½に割く

❸

- ②5cm
- 縁
- ①

5 ❶❷

- PPバンド ⅓に割く
- ②切る
- ③縁材をあてる
- ④隙間を通して巻く
- ①裏側に折り、縁材に掛けて折る

❸❹

- ①2、3回巻く
- ②間を通す
- ③切る

P.53 24 多色使いの小物入れ
size: 横14×縦14×高さ16cm

◆ 技法
織り編み

◆ 材料
- **タテ材** 77cm×18本（ブラウン2本、緑2本、群青2本、深緑6本、青2本、こげ茶2本、グレー2本）
- **編み材** 67cm×9本（青8本、深緑1本）
- **縁材** 66cm×青1本

◆ 作り方

1 底を作る (P.16)
タテ材9×9本で組む。色の順は縦方向左から深緑2、こげ茶1、青1、グレー1、深緑1、群青1、緑1、ブラウン1。横方向は上から、ブラウン1、緑1、群青1、深緑1、グレー1、青1本、こげ茶1、深緑2本の順。

2 立ち上げて側面を編む (P.17)
編み材の青を入れて立ち上げ、その後、青2段、深緑1段、青5段の合計9段編む。

3 タテ材を折り返す (P.19)
縁材を編み材の上に重ねて端を全部表側へ折り曲げ、下の編み目に通し入れる。内側からの材は表側で2段渡る。

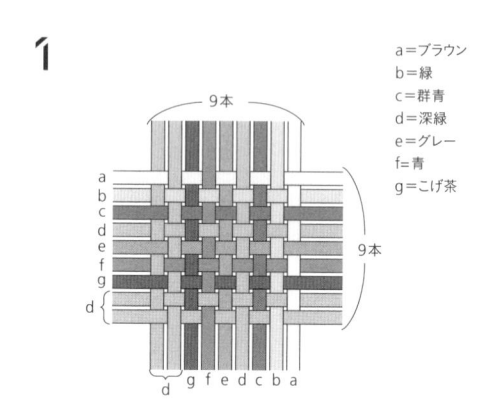

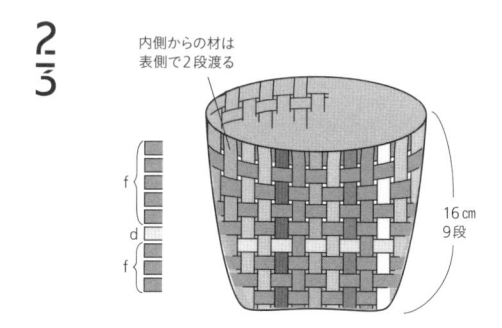

a＝ブラウン
b＝緑
c＝群青
d＝深緑
e＝グレー
f＝青
g＝こげ茶

P.54 25 ふた付きの入れ子のかご

size: (小) 15.5×15.5×高さ10cm、(中) 17×17×高さ10cm
(大) 18×18×高さ10cm、(ふた) 19×19×高さ9cm

◆ 技法
織り編み

◆ 材料
(小)
タテ材　68cm×ブラウン20本
編み材　73cm×ブラウン6本
縁材　　70cm×2本(ブラウン1本、グレー1本)
(中)
タテ材　70cm×ブラウン22本
編み材　80cm×ブラウン6本
縁材　　80cm×2本(ブラウン1本、こげ茶1本)
(大)
タテ材　71cm×ブラウン24本
編み材　85cm×ブラウン6本
縁材　　85cm×3本(ブラウン1本、こげ茶1本、グレー1本)
(ふた)
タテ材　70cm×25本
　　　　(ブラウン22本、グレー2本、こげ茶1本:½幅に割いて2本)
編み材　88cm×ブラウン5本
縁材　　88cm×2本(ブラウン1本、こげ茶1本)

◆ 作り方

1 底を作る(P.16)

ブラウンの材で小(10×10本)、中(11×11本)、大(12×12本)を組んで底を作る。ふたは13×13本で組む。ふたの色の順は縦方向、左からブラウン4本、こげ茶½幅1本、グレー1本、ブラウン7本の順で横方向、上からブラウン7本、こげ茶½幅1本、グレー1本、ブラウン4本の順で組む。

2 立ち上げて側面を編む(P.17)

それぞれ編み材を入れて立ち上げ、ふたは5段、ほかは6段ずつ編む。

3 タテ材を折り返す(P.19)

縁材(蓋の表側にこげ茶、小の表側にグレー、中の表側にこげ茶、大の表側にグレー、その下にこげ茶)を入れてタテ材を折り返し、外側と内側の編み目に通し入れる。

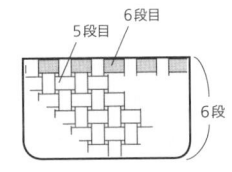

(小) すべてブラウンで組む 10本×10本

(中) すべてブラウンで組む 11本×11本

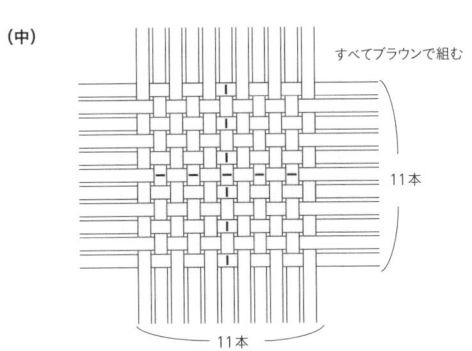

(大) すべてブラウンで組む 12本×12本

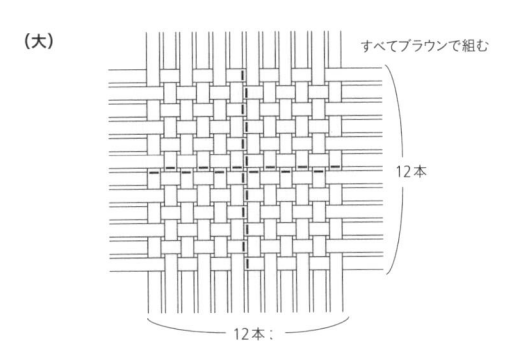

(ふた) ブラウン7本 / こげ茶 グレー / ブラウン4本 / ブラウン4本 こげ茶 グレー ブラウン7本

	5段目	6段目
小	ブラウン	グレー
中	ブラウン	こげ茶
大	こげ茶	グレー
ふた	こげ茶	—

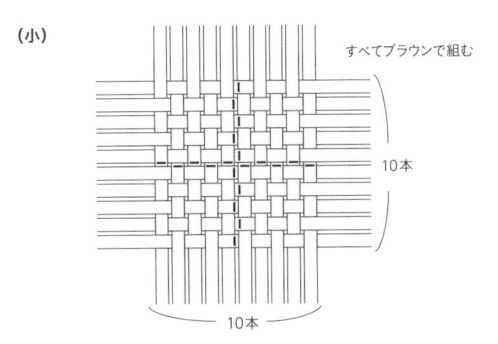

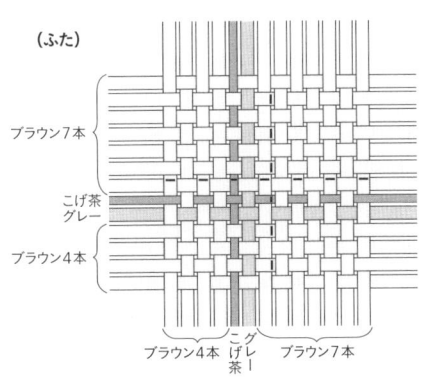

P.56 26 持ち手付きのかご

size: 横32×縦22×マチ25cm

◆ 技法
織り編み、平らな持ち手

◆ 材料
タテ材　110cm×グレー20本
　　　　120cm×グレー15本
　　　　120cm×深緑20本
　　　　130cm×深緑15本
編み材　126cm×24本（グレー12本、深緑12本）
縁材　　120cm×深緑5本
持ち手　130cm×グレー4本、芯材70cm×グレー2本

◆ 作り方

1 かごの底をグレーで作る (P.16)
グレー20×15本を組む。

2 立ち上げて側面を編む (P.17)
編み材を入れて立ち上げ12段編む。

3 底に深緑の材を重ねる
グレーの底の組み目に、深緑の材を1本ずつ重ねて通し、二重にする。

4 側面に深緑の材を重ねる
深緑のタテ材をグレーの側面に添わせ、編み材を入れて編む。各側面の真ん中と、角のところ・8カ所にある2本のグレーのタテ材の下まで毎段交互に深緑の編み材を通す。8カ所以外のところは深緑のみで編む（2つの層が8カ所のところでつながっている）。底から12段編む。

5 タテ材を折り返す
❶ 深緑の縁補強材5本を重ねて、クリップでとめる。
❷ 縁の外側に補強材を当て、深緑の材を折り返すが、交互に補強材1枚の下を通って、全部外側へ折り返し、下の編み目に端を通し入れる。グレーの材も同様に外側へ折り返し、縁から3段目か4段目まで交互に入れ、端が見えないように切る。

6 平らな持ち手を作る (P.20)
芯材の周りに2本で平らな持ち手を34cm組む。同様にもう1本を作り、1回絡めて本体中央付近に端を通し入れる。芯材の端はなくなるまで通し、持ち手の端は3回ずつ折り返して編み目に通し入れる。

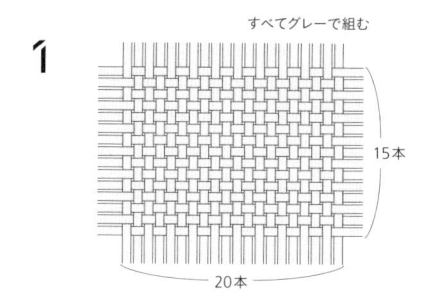

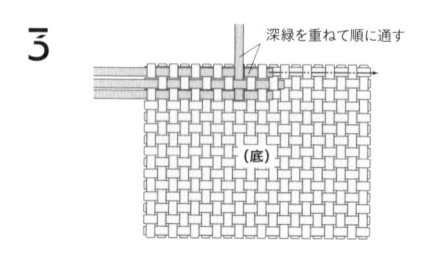

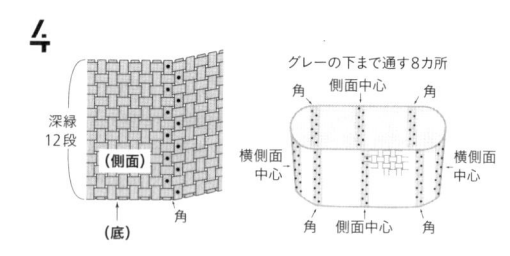

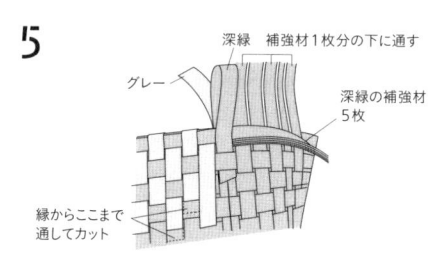

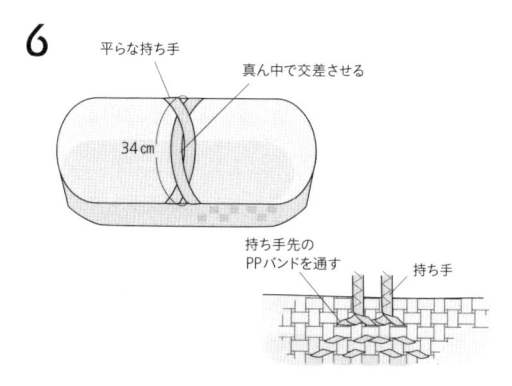

P.57 27 鉢カバー

size: (大) 14×14×高さ16cm
　　　(小) 9×9×高さ11.5cm

◆ 技法
組み編み

◆ 材料
(大)
120cm×24本(緑4本、赤8本、オレンジ4本、ピンク2本、青4本、黄2本)
(小)
80cm×16本(緑2本、赤2本、黄2本、ピンク2本、青4本、オレンジ4本)

◆ 作り方

(大のかご)

1 底を組む (P.17)

12×12本を組む。色の順は縦方向左から、緑、赤、青、オレンジ、赤、ピンク、ピンク、赤、オレンジ、青、赤、緑。横方向上から黄、赤、青、オレンジ、赤、緑、緑、赤、オレンジ、青、赤、黄。

2 角を組んで立ち上げる (P.18)

図1中○印の材どうしを交差させて角を組んで立ち上げる。底から7段組む。

3 材を折り返してしまつする

❶ それぞれの角の上の7段目で交差する材2本を、山形に折り返す。

❷ その両隣の2本を折り返し、それぞれの端を下の組み目に通し入れる。同様に合計4カ所の角の上の縁を折り返し、端を組み目に入れる。

❸ 上記の折り返しの隣にある赤の交差している材2本を折り返し、端を組み目に通し入れる。同様に合計8カ所折り返し、しまつする。

❹ 残った4本ずつのペアも❶、❷同様に折り返してしまつする。丈夫にするため、すべての材の端がなくなるまで、底まで通し重ねる。

(小のかご)

1 底を組む (P.17)

8×8で組む。色の順は縦方向左から青、オレンジ、赤、緑、黄、ピンク、青、オレンジ。横方向上からオレンジ、青、ピンク、黄、緑、赤、オレンジ、青。

2 角を組んで立ち上げる (P.18)

図1中○印の材どうしを交差させて角を組み、底から5段組む。

3 材を折り返してしまつする

大のかごと同様に、それぞれの角の上5段目で交差する材とその両隣の材の合計4本で折り返し、端を下の組み目に通し入れる。残りの4本のペアも同様に折り返して8つの山形の縁を作る。

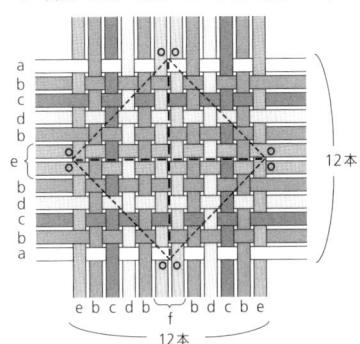

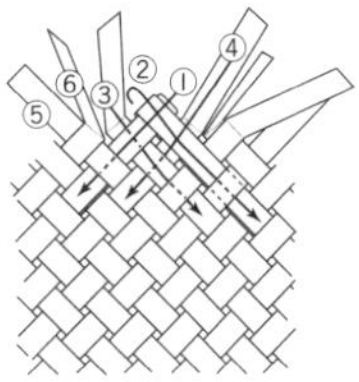

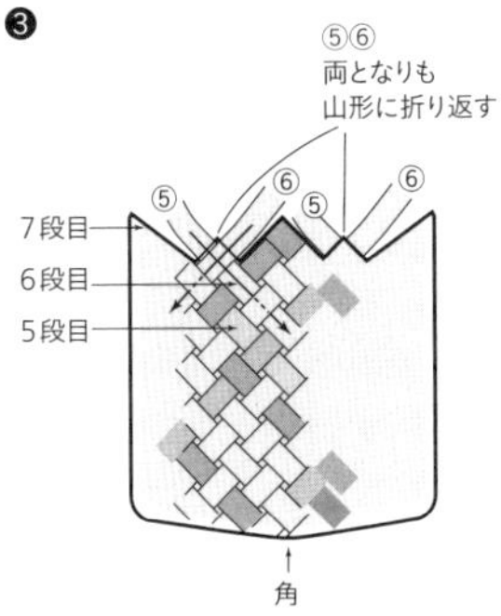

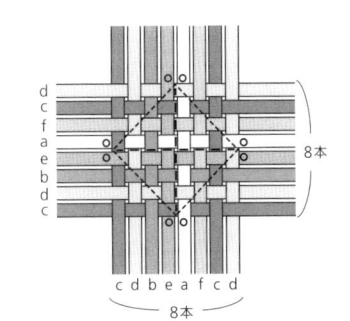

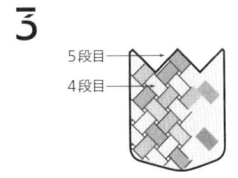

P.58 28 六つ目のかご

size: 直径19×高さ24.5cm

◆ 技法
組み編み（六つ目編み）

◆ 材料
180㎝×緑3本・赤3本・オレンジ3本（それぞれ½幅に割いて6本ずつ）
135㎝×青4本（½幅に割いて8本）

◆ 作り方
＊クリップでとめながら組みます。

1 六つ目を組む

❶ 緑2本が下になるように赤2本を交差する。
❷ 交差の上にオレンジを入れて1本ずつ上下して組む。
❸ 交差の下にオレンジを入れて1本ずつ上下して組み、正六角形になるように整える。これで六つ目が1つできた。

2 底を作る

❶ 3方向の材、赤、青、オレンジをそれぞれ1本ずつ足して組み大きくする。まずオレンジの材を上に入れる。
❷ 赤の材を右側へ入れ1本ずつ上下して組む。緑の材を左側へ入れて1本ずつ組む。
❸ 同様に1本ずつ3方向の材を足して、合計6本ずつ組む。

3 立ち上げて側面を組む

❶ 青の材を周囲に入れ、1本ずつ上下して組む。図3-❶の○印の所は五角形になる。1周したら同じ所を入れて二重にし、端どうしを重ねる。材を入れたら上で交差する材も組み、クリップでとめる。
❷ 2段目以降から全部六つ目を組む。同様に1本ずつ上下して二重にする。合計で8段組む。

4 材を折り返す

❶ 交差した材の下側の材Aをもう一方の材Bに掛けて表側へ折り返す。
❷ Aをもう一度折り返して反対側へ。
❸ BをAに掛けて折り返す。
❹ AをBに掛けて折り返し、BをAに掛けて折り返し、Bは表側へ、Aは折り返して裏側へ。
❺ 裏側に折り返したAを最初の折り返しに掛けて折り、斜めに折って表へ出す。
❻ Bはそのまま下の組み目、底まで重ね入れる。表に出したAも下の組み目に底まで通し入れて重ねる。

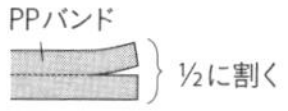

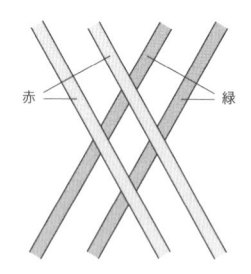

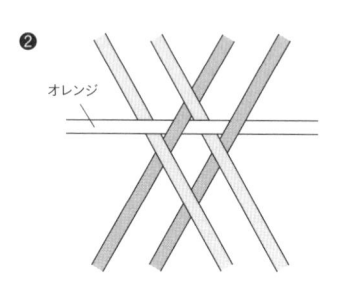

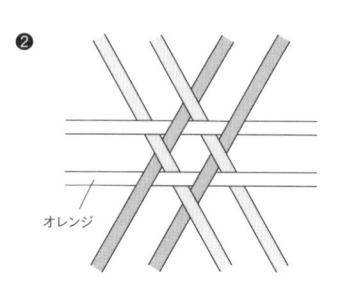

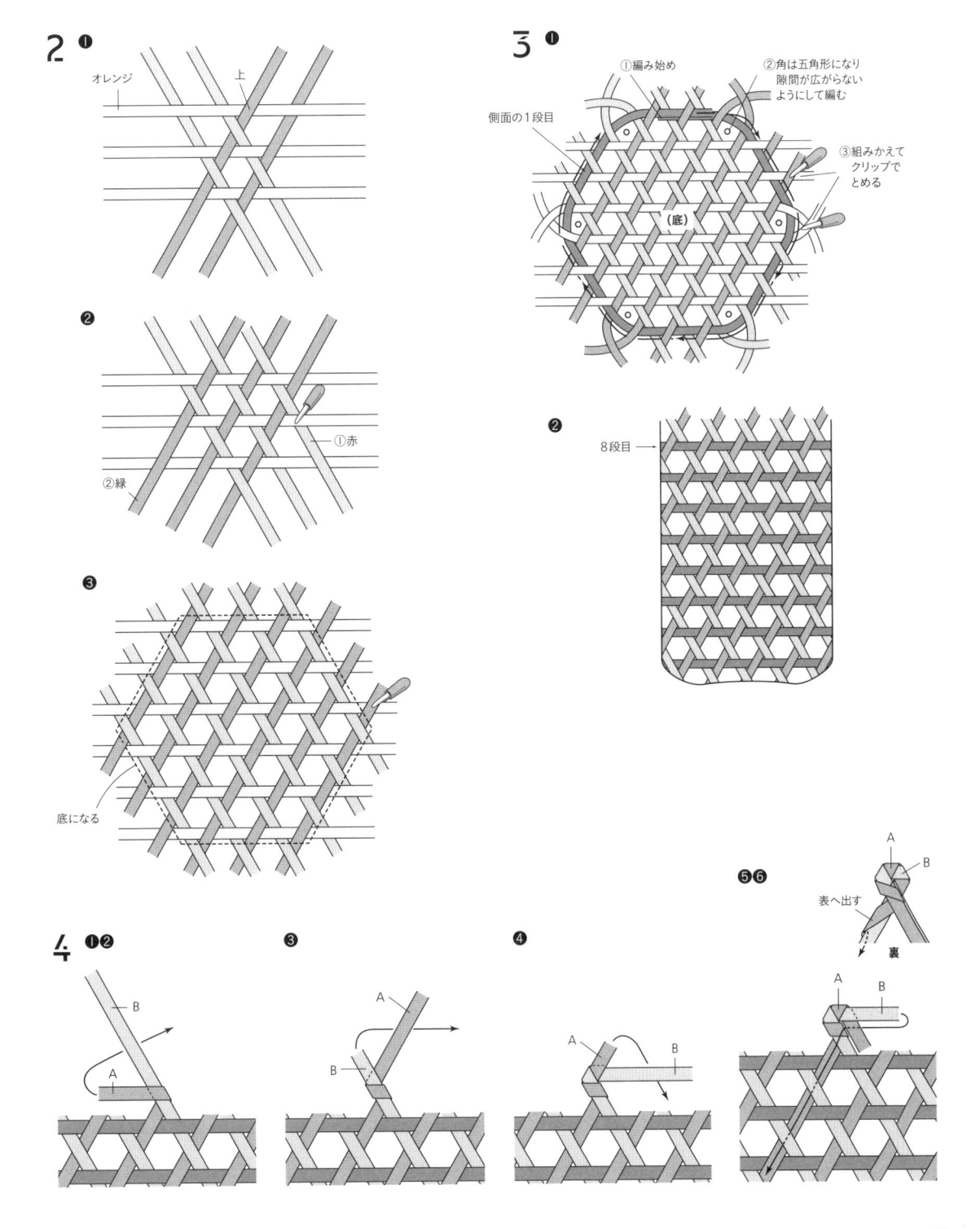

2

❶ オレンジ / 上

❷ ①赤 / ②緑

❸ 底になる

3

❶ ①編み始め / ②角は五角形になり隙間が広がらないようにして編む / ③組みかえてクリップでとめる / 側面の1段目 / (底)

❷ 8段目

4

❶❷ A / B

❸ A / B

❹ A / B

❺❻ A / B / 表へ出す / 裏

93

P.59 29 入れ子のかご

size:（オレンジ）4.5×4.5×高さ7cm、（黄）6×6×高さ7.5cm
（緑）7×7×高さ8cm、（青）8×8×高さ9cm、（赤）9×9×高さ10cm、
（白）10.5×10.5×高さ11cm、（白）12×12×高さ13cm

◆ 技法
組み編み

◆ 材料
（オレンジ）45cm×8本
（黄）50cm×10本（そのうち2本だけ½幅に割いて4本にする）
（緑）60cm×12本
（青）67cm×14本（そのうち2本だけ½幅に割いて4本にする）
（赤）75cm×16本
（白・小）80cm×18本（そのうち2本だけ½幅に割いて4本にする）
（白・大）85cm×20本

◆ 作り方
＊基本の編み方（P.18組み編み）を参照して底を組み、各辺の真ん中の材どうし（図中○印）を交差して角を組んで立ち上げて側面を組む。縁のしまつは、P.19のように交差する材どうしを折り返して山形の縁を作り、端を下の組み目に通し入れる。

1 オレンジのかご
4×4本を組み、立ち上げて3段の高さで材を下へ折り返して、しまつする。

2 緑のかご
6×6本を組み、立ち上げて3段と半分の高さで材を下へ折り返して、しまつする。

3 赤のかご
8×8本を組み、立ち上げて4段と半分の高さで材を下へ折り返して、しまつする。

4 白（大）のかご
10×10本を組み、立ち上げて5段と半分の高さで材を下へ折り返して、しまつする。

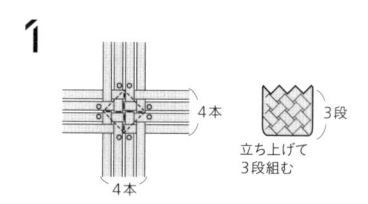

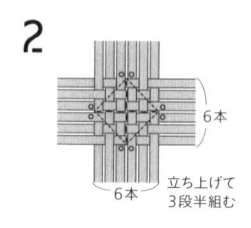

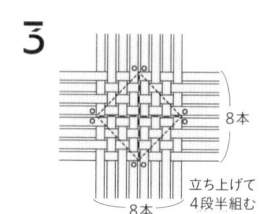

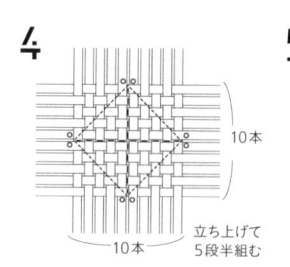

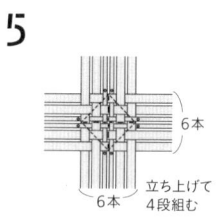

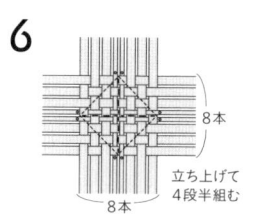

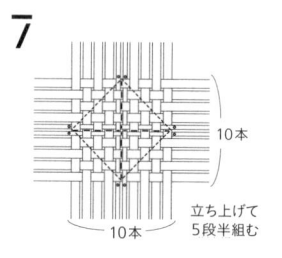

＊以下のかごは½幅材2本ずつを中央にして組み、½幅材どうしを交差して角を組む。材の倒し方は上記のかごと同じ。

5 黄のかご
6×6本を組み、4段の高さで材を下へ折り返して、しまつする。

6 青のかご
8×8本を組み、4段と半分の高さで材を下へ折り返して、しまつする。

7 白（小）のかご
10×10本を組み、5段と半分の高さで材を下へ折り返して、しまつする。

P.62 30 壁掛け用のかご

size: 横22.5×縦22 cm
(掛ける部分)直径7 cm

◆ 技法
組み編み、平らな持ち手

◆ 材料
95 cm×20本(緑16本、ピンク2本、オレンジ2本)
掛け紐 80 cm×緑1本(½幅に割いて2本に)
芯材50 cm×緑1本(½幅に割いて1本使う)

◆ 作り方

1 底を作る(P.18)
10×10本で組む。色の順は縦方向左からピンク1、緑3、オレンジ1、緑5。横方向上から緑5、ピンク1、緑3、オレンジ1。

2 角を組んで立ち上げる
図1の○印の材どうしを交差させ、角を2カ所組んで立ち上げる。

3 側面を組む
底から3段目のところのみ2本ずつ組む。その他は1本ずつ組み、10段組む。

4 材を折り返してしまつする(P.19)
10段目で交差した材どうしで山形に折り返し、端を下の組み目に通し入れる。

5 掛け紐を作る(P.20)
芯材の端から14 cm入ったところに、持ち手の材2本の端を15 cm残し、平らな持ち手を22 cm組む。後ろの中央から斜めに芯材の端を通し、持ち手の材は2回ずつ折り返して組み目に通し入れる。

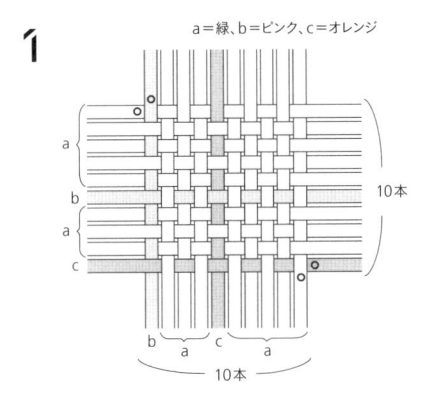

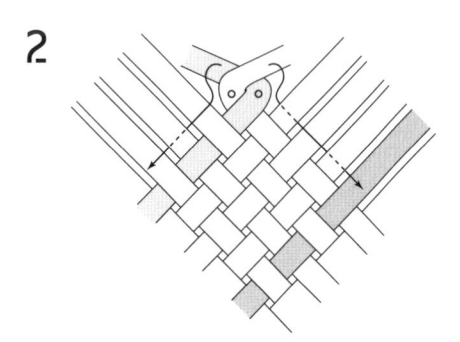

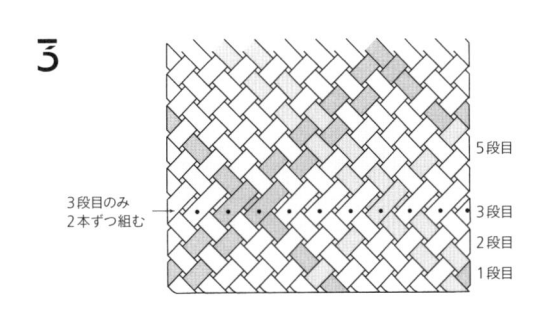

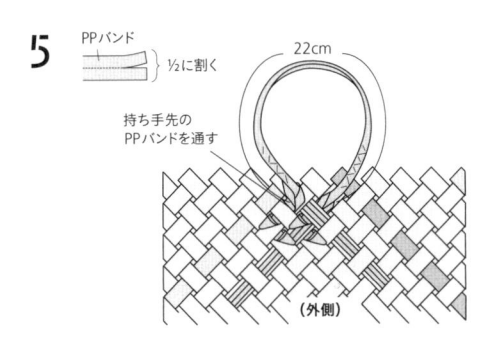

STAFF

編集	土田由佳
撮影	池水カナエ
	玉井瑞木（P.7ベトナムのスナップ）
装丁・デザイン	NILSON（望月昭秀＋木村由香利）
イラスト	安藤能子
	小池百合穂
協力	梱包紐・結束紐の総合メーカー
	信越工業株式会社
	☎0258-89-2320
	http://www.shinetsu-k.co.jp/

高宮紀子
Noriko Takamiya

三重県生まれ。バスケタリー作家。1982年、関島寿子氏と出会い、造形方法としてのバスケタリーの可能性を知る。立体的なオブジェなどの造形作品を日本や海外で発表する一方、都内でかごを編むクラスなどを開講。編み組み品の組織構造・立体方法、素材の加工方法などについての資料収集、民具に流れる古代からの技術などの探究にも力を注ぎ、縄文遺跡出土かごの復元にも携わっている。

ベトナム雑貨でおなじみのおしゃれなかご

PPバンドで編む 毎日使えるプラかご

2013年3月22日　発　行　　　　　　　　NDC754.6
2023年3月1日　第5刷

著　　者	高宮紀子
発　行　者	小川雄一
発　行　所	株式会社 誠文堂新光社
	〒113-0033 東京都文京区本郷3-3-11
	電話 03-5800-5780
	https://www.seibundo-shinkosha.net/
印　刷　所	株式会社 大熊整美堂
製　本　所	和光堂 株式会社

©Noriko Takamiya. 2013　　　　　　　　Printed in Japan

本書掲載記事の無断転用を禁じます。

落丁本・乱丁本の場合はお取り替えいたします。

本書に掲載された記事の著作権は著者に帰属します。これらを無断で使用し、展示・販売・レンタル・講習会等を行うことを禁じます。

本書の内容に関するお問い合わせは、小社ホームページのお問い合わせフォームをご利用いただくか、上記までお電話ください。

JCOPY <（一社）出版者著作権管理機構　委託出版物>
本書を無断で複製複写（コピー）することは、著作権法上での例外を除き、禁じられています。本書をコピーされる場合は、そのつど事前に、（一社）出版者著作権管理機構（電話 03-5244-5088／FAX 03-5244-5089／e-mail：info@jcopy.or.jp）の許諾を得てください。

ISBN978-4-416-31305-3